# 명예로운 제자들

## 산상수훈 말씀여행

ESP

# 명예로운 제자들
### 산상수훈 말씀여행

2019년 12월 1일 초판 발행

지은이 | 김만성
펴낸이 | 정사철
편집인 | 유정훈
표지디자인 | 장윤주
내지디자인 | 서다운
발행처 | (사)기독대학인회 출판부(ESP)
서울시 강북구 덕릉로 77
02)989-3476~7 | esfpress@hanmail.net

ISBN 978-89-89108-96-2 03230

기독대학인회(ESF: Evangelical Student Fellowship)는 사도행전 1장 8절에 근거하여
캠퍼스복음화를 통한 성서한국, 세계선교를 주요목표로 삼고 있는 대학생 선교단체입니다. www.esf21.com

ESP(Evangelical Student Fellowship Press)는 기독대학인회의 출판부입니다.
기독대학인회 출판부(ESP)는 다음과 같은 마음을 품고 기도하면서 일하고 있습니다.
첫째, 청년 대학생은 이 시대의 희망입니다. 둘째, 하나님 말씀인 성경을 사랑합니다.
셋째, 문서사역을 통하여 성경적 세계관을 정립해 나갑니다. 넷째, 문서선교를 통하여 총체적 선교에 도움을 주고자 합니다.

# 명예로운 제자들

김만성

ESP

## 〈산상수훈 말씀여행〉 안내자의 인사말

산상수훈은 시편 23편과 함께 그리스도인들이 가장 사랑하는 성경본문일 것입니다. 스탠리 하우어스(Stanley Hauerwas)는 산상수훈의 가치를 이렇게 평했습니다.

"예수님의 삶만이 산상수훈에 대한 유일한 주석이며,
산상수훈은 그 삶의 실례이다."

산상수훈의 교훈대로 살아낼 수 있다면 분명히 세상의 많은 것들이 달라질 것입니다. 산상수훈은 쉽게 접근을 허락하지 않는 신비스러운 봉우리의 모습을 하고 있습니다. 신성이 빚어낸 인간성이 그곳에서 빛나고 있습니다. 그 곳에 오를 수만 있다면 모든 것이 달라질 것입니다. 그 봉우리를 향하는 길에 장관이 펼쳐집니다. 산상수훈 읽기는 매번 읽을 때마다 익숙한 듯하면서도 어딘가 낯선 미지의 세계를 여행하는 느낌을 받습니다.

언제나 여행은 많은 것을 바꾸어놓습니다. 산상수훈 읽기가 말씀여행이 되면 좋겠습니다. 예수님이 가신 길을 따라서 제자의 발걸음을 해보는 것입니다. 필자는 산상수훈을 신앙 초년생일 때 빌리 그래이엄의 팔복 강해서인 "행복의 비결"로 처음 접했습니다. 그 이후로 본회퍼, 존 스토트 등의 글을 접하면서 산상수훈 말씀여행을 했습니다. 에임스반석장로교회에서 은퇴하기 전 몇주간의 설교도 산상수훈 강해였습니다. 50년 가까이 필자는 산상수훈의 교훈을 실천하려 했다고 할 수 있습니다.

필자는 "산상수훈 말씀여행" 안내자를 자처하고 있습니다만 지인의 권유로 이 글을 쓰게 되었습니다. 과연 미약한 사람이 산상수훈을 해설할 수 있을까 하는 망설임이 있었습니다. 그러나 필자가 답사한 산상수훈의 장관들을 소개하는 안내자의 역할을 하면 되겠구나 하고 마음 먹으니 큰 부담 없이 쓸 수 있었습니다. 이 책은 산상수훈 말씀여행 안내서인 셈입니다. 안내서를 만들고 나니 전망대들(view points)만 방문한 것 같고, 여행을 서둘러 마친 느낌을 받습니다. 그래도 산상수훈 여행길에 꼭 들려야 할 요처들은 거의 안내한 것 같습니다. 기회가 있어 다시 한 번 안내할 수 있다면 그땐 풍광도 담고 새소리, 물소리, 꼬마들의 뛰노는 소리도 담아서 좀더 여유있고 풍성한 여행길이 되도록 하고 싶습니다. 부산 시내 곳곳에 산재한 훌륭한 시설의 시립 도서관들을 방문해서 그곳에 소장된 풍부한 자료들을 이용할 수 있었던 것은 큰 행운이었습니다.

오래 전부터 글을 쓰도록 격려해 주시고 추천사를 써주신 이승장 목사님께 감사드립니다. 원고를 검토해 주시고 추천사를 써주신 이강학 교수님께 감사드립니다. 원고편집과 출판을 도와주신 유정훈, 서다운, 장윤주 ESP 편집 간사님들께 감사드립니다. 필자가 집필하는 동안 금요일 저녁마다 산상수훈 말씀여행을 같이 한 기독대학인회 부산지구 형제자매님들과 섬겨주신 김의엽 간사님과 이혜진 간사님께 감사드립니다. 그리고 필자가 부산에 머무는 동안 아늑한 집필 공간과 함께 숙식을 제공해주시고 필독서들을 소개해 주신 방영식 목사님 내외분께 감사드립니다. 필자에게 도움을 아끼지 않은 지영에게 감사합니다. 아빠의 글쓰기를 멀리서 응원해준 John, Joseph, James에게 고마움의 인사를 전합니다. 아내 김영순의 기도와 성원이 큰 힘이 되었습니다.

기독대학인회를 통해 예수님의 제자가 될 수 있었던 주님의 은혜에 보은하는 마음과 함께 ESF 형제자매님들과 동역자님들에 대한 애정을 이 소품에 담았습니다.

2019년 추수감사절, Ann Arbor에서

## 추천의 글

이승장

성서한국 공동대표, 아름마을교회 목사

"산상수훈은 제자들을 위한 위로와 희망의 메시지다!"

김만성 목사의 첫 저서인 산상수훈 강해는 근래 찾아보기 힘든 우수한 저작이다. 그간 성경강해자들이 산상수훈은 제자도 교과서, 기독교 윤리를 집약한 교훈, 또는 크리스천의 행복론으로 보아왔다. 저자 김만성 목사는 산상수훈에 대한 영적 거장들의 연구를 섭렵한 후, 목자의 심정과 새로운 각도로 우리 주님의 산상수훈을 이해하도록 안내한다.

이 책에는 짧지 않은 기간 그가 쌓아온 수준 높은 성서신학적 연구, 인간 이해와 문화사회학적 견해가 잘 드러난다. 그는 무엇보다 대학시절 기독대학인회(ESF)에서 성경공부와 제자도 훈련을 받았고, 후에 간사로 자원해서는 신촌과 관악에서 대학생들에게 평신도 말씀의 종으로 많은 인재를 키워낸 목자다. 미국에서 신학공부 후, 명문 주립대학교가 있는 한적한 대학촌에서 숱한 유학생들, 교환교수 등, 당대 최고지성들을 말씀과 삶으로 섬겼던 목자적 체험이 감동적인 글로 묻어나고 있다. 이제 목회 일선에서 은퇴하면서 첫 저작으로 담백하지만 깊은 울림을 주는 글로 영적 기갈상태에 있는 이 땅의 그리스도인들에게 생수 같은 말씀을 들려주고 있다.

청년대학생들을 비롯해서 생각하는 그리스도인들이 〈책 모임〉 등에서 깊이 있는 토론이 가능한 양서를 찾고 있다. 이 책이 바로 그런 요구에 답이 될 것이다.

나는 저자를 대학 새내기때부터 함께하며 그의 삶의 궤적을 지켜보는 특권을 누렸다. 그의 신앙, 지성, 인격, 삶을 종합해볼 때, 산상수훈을 강해할 만한 저자라고 확신한다. 그가 기대에 어긋나지 않는 수준 있는 글로 한국 독자들을 섬기는 책을 써서 진심으로 기뻐한다. 조금도 주저함 없이 확신있게 이 책을 추천한다.

## 추천의 글

이강학
횃불트리니티신학대학원대학교, 기독교영성학 교수

필자가 예수 그리스도의 제자가 된 것은 대학생 시절이었다. 대학생이 되는 것이 인생의 목표였던 시절 그 이후를 생각하지 못하고 들어선 캠퍼스에서 길을 잃어버리고 방황할 때, 갈 길을 발견할 수 있도록 안내해준 신앙의 스승들을 필자는 하나님의 은혜로 만났다. 김만성 "목자님"이 첫 번째로 만난 스승이었다. 그리고 그 덕분에 필자도 훗날 방황하는 캠퍼스의 후배들을 길이요 진리요 생명이신 예수 그리스도께 안내하려고 "목자"의 길에 들어서게 되었다. 지금 필자가 하는 영성지도(spiritual direction)는 그 연장선상에 있는 사역이다.

목자의 경험을 통해 필자가 확신하게 된 것은 성경을 가장 잘 이해할 수 있는 사람은 선한 목자이신 예수 그리스도의 길을 걸어가 본 사람이라는 것이다. 김만성 목사는 바로 그런 분이다. 순수한 목자의 마음으로 한국과 미국에서 캠퍼스의 방황하는 영혼들을 위해 헌신하셨다. 성경공부와 강의를 통해 복음을 능력 있게 전하셨다. 그분의 헌신을 통해 필자를 포함하여 많은 대학생들이 예수 그리스도의 제자로 거듭났다.

디트리히 본회퍼가 〈나를 따르라〉에서 역설하듯이, "산상수훈"은 예수 그리스도의 가르침 중 백미이다. 하나님나라의 백성이고 예수 그리스도의 제자들이 하나님나라가 완전히 임할 때까지 이 세상에서 어떤 정체성을 지니고 어떻게 살아야하는지를 분명하게 보여주고 있다. 그만큼, 세속에 물든 우리가 실천하기 힘들게 느끼는 가르침을 담고 있는 것도 사실이다.

〈명예로운 제자들〉은 김만성 목사가 그의 헌신을 통해 선물로 받은 통찰의 빛으로 해석한 산상수훈 해설서이다. 이 책을 읽다보면 예수 그리스도의 제자로 사는 것이 정말 명예로운 직분임을 확신하게 된다. 아울러 이 책은 물신숭배의 세대인 현대 사회에서 예수 그리스도의 제자가 어떻게 살아야 할지를 구체적으로 제시하고 있다. 예수 그리스도의 제자가 되려고 준비하는 분들, 예수 그리스도의 제자로 살아가면서 고민하는 분들, 예수 그리스도의 제자로 살아온 인생을 돌아보기 원하는 분들에게 〈명예로운 제자들〉이 큰 통찰을 줄 것을 믿어 의심치 않는다.

# 목 차

5  〈산상수훈 말씀여행〉 안내자의 인사말
9  추천의 글

14  목차
17  산상수훈 소개

20  **1장 팔복(八福)**
    마태복음 5:1-12

56  **2장 세상의 소금과 빛**
    마태복음 5:13-16

64  **3장 더 나은 의**
    마태복음 5:17-20

74  **4장 제자의 의를 이루기 위한 계명준행**
    마태복음 5:21-48

## 목차

- 100 **5장 제자의 의를 이루기 위한 경건훈련**
  마태복음 6:1-8, 16-18
- 110 **6장 산상수훈의 핵으로서의 주기도문**
  마태복음 6:9-15
- 126 **7장 세상에서 제자의 의를 행함**
  마태복음 6:19-34
- 150 **8장 제자 공동체에서 제자의 의를 행함**
  마태복음 7:1-12
- 166 **9장 지혜로운 사람**
  마태복음 7:13-27

- 175 필자의 간증
- 177 여행안내를 마치면서

산상수훈 소개

산상수훈의 의의

　공생애를 시작하고 얼마 지나지 않아 예수님이 갈릴리 호수가 내려다보이는 언덕에서 한 무리의 백성들과 제자들에게 천국복음을 가르치셨는데 그것이 산상수훈이다. 산상수훈은 예수님이 세상에서 위축된 제자들을 크게 격려한 위로의 메시지이자 그들에게 소망을 제시한 희망의 메시지이다. 예수님은 제자직이 복된 것이며 제자로서의 삶의 방식이 세상에 영향을 주는 것이라고 하여 제자들을 위로하고 희망을 주신다. 오늘의 그리스도인들이 산상수훈을 읽을 때 갈릴리 호수곁 언덕에 앉아있던 제자들처럼 어느새 예수님 앞에 제자들로 서게 된다. 산상수훈의 메시지는 위로와 희망이란 실체를 선사하여 고단한 시대를 살아가는 그리스도인들을 감동시키고 오늘의 제자들로 세운다.

저자와 연대

　마태복음에 편집되어 있는 산상수훈은 저자 마태가 서기 70년경에 시리아의 안디옥에서 유대교 회당과 갈등관계에 있던 제자 공동체에게 전한 메시지로 전해지고 있다.

## 산상수훈의 구조

산상수훈을 연구한 학자들은 산상수훈에서 여러 가지 구조들을 찾아 내었다. 간략하게 소개하자면 다음과 같다. 산상수훈의 기본구조는 팔복(마태복음 5:3-12)이며 뒤이은 본문은 팔복을 해석한 것이란 주장이 있다. 또 산상수훈은 마태복음 5:20을 중심으로 해서 교차대조(chiasm: X 형태로 연속되는 구절들이 역순으로 배치된 구조)로 구성되어 있다는 주장이 있다. 또 주기도문(마태복음 6:9-13)이 산상수훈의 핵심으로서 산상수훈의 중앙에 위치하며, 앞의 본문(마태복음 5:3-6:8)과 뒤의 본문(마태복음 6:14-7:27)이 주기도문의 두 가지 청원들을 각각 해석한 것이라는 주장이 있다. 또한 마태복음 5:20에 선언된 "더 나은 의"가 산상수훈의 주제이며 이 주제가 산상수훈 전체를 관통한다는 주장이 있다. 또한 "하나님나라의 현존", "제자도", "하나님사랑 이웃사랑"의 이중계명, "하나님의 뜻"이 각각 산상수훈의 주제라는 주장들이 있다. 산상수훈은 서론(마태복음 5:3-16), 본론(마태복음 5:17-7:12), 그리고 후기(마태복음 7:13-27)로 구성되어 있다는 주장이 있다.

## 산상수훈의 주제와 본서의 전개

본서는 마태복음 5:20에 기록된 "더 나은 의"가 산상수훈의 주제이며 이 주제가 산상수훈 전체를 관통한다는 주장을 받아들였다. 그리고 산상수훈은 서론(마태복음 5:3-16), 본론(마태복음 5:17-7:12), 그리고 후기(마태복음 7:13-27)로 구성되었다는 주장을 받아들였다.

주제는 "더 나은 의"라고 보고 산상수훈 본문을 아래와 같이 구분하였다.

## 서론 (마태복음 5:3-16)

1장 (마태복음 5:3-12)

팔복: 더 나은 의를 추구하는 제자들(1)

2장 (마태복음 5:13-16)

세상의 소금과 빛: 더 나은 의를 추구하는 제자들(2)

## 본론 (마태복음 5:17-7:12)

3장 (마태복음 5:17-20)

더 나은 의를 이루라는 명령

4장 (마태복음 5:21-48)

이웃에게 더 나은 의를 행함 (율법학자들보다 나은 의)

5장 (마태복음 6:1-8, 16-18)

하나님 앞에서 더 나은 의를 연단함 (바리새인들보다 나은 의)

6장 (마태복음 6:9-15)

산상수훈의 핵으로서의 주기도문

7장 (마태복음 6:19-34)

세상에서 더 나은 의를 행함

8장 (마태복음 7:1-12)

제자 공동체에서 더 나은 의를 행함

## 후기 (마태복음 7:13-27)

9장 (마태복음 7:13-27)

더 나은 의를 행하라는 권고와 행함의 결국

# 1
## 팔복
## 八福

### 마태복음 5:1-12

1 예수께서 무리를 보시고 산에 올라가 앉으시니 제자들이 나아온지라
2 입을 열어 가르쳐 이르시되
3 심령이 가난한 자는 복이 있나니 천국이 그들의 것임이요
4 애통하는 자는 복이 있나니 그들이 위로를 받을 것임이요
5 온유한 자는 복이 있나니 그들이 땅을 기업으로 받을 것임이요
6 의에 주리고 목마른 자는 복이 있나니 그들이 배부를 것임이요
7 긍휼히 여기는 자는 복이 있나니 그들이 긍휼히 여김을 받을 것임이요
8 마음이 청결한 자는 복이 있나니 그들이 하나님을 볼 것임이요
9 화평하게 하는 자는 복이 있나니
 그들이 하나님의 아들이라 일컬음을 받을 것임이요
10 의를 위하여 박해를 받은 자는 복이 있나니 천국이 그들의 것임이라
11 나로 말미암아 너희를 욕하고 박해하고 거짓으로 너희를 거슬러
 모든 악한 말을 할 때에는 너희에게 복이 있나니
12 기뻐하고 즐거워하라 하늘에서 너희의 상이 큼이라
 너희 전에 있던 선지자들도 이같이 박해하였느니라

## 타락한 세상

예수님이 갈릴리 호수가 내려다보이는 언덕에서 그에게 나아온 무리들과 제자들에게 입을 열어 위로와 소망의 메시지를 전하셨다. 그들이 예수님의 메시지를 듣는 순간은 행복했겠지만 그들의 일상은 고단했다. 각처에서 갈릴리 지역으로 모여든 무리들이 목자 없는 양들처럼 유리방황하고 있었다.

> "예수께서 온 갈릴리에 두루 다니사 그들의 회당에서 가르치시며 천국 복음을 전파하시며 백성 중의 모든 병과 모든 약한 것을 고치시니 그의 소문이 온 수리아에 퍼진지라. 사람들이 모든 앓는 자 곧 각종 병에 걸려서 고통당하는 자, 귀신 들린 자, 간질하는 자, 중풍병자들을 데려오니 그들을 고치시더라. 갈릴리와 데가볼리와 예루살렘과 유대와 요단 강 건너편에서 수많은 무리가 따르니라." 마태복음 4:23-25

무리들(땅의 백성들)은 로마의 압제와 갈릴리 지역을 섭정하던 분봉왕 헤롯 안티파스의 압정에 시달리며 도탄에 직면해 있었다. 갈릴리 지역에는 흉년에 대지주에게 땅을 빼앗기고 소작인으로 전락한 농부들, 빚을 갚지 못해 아내와 자녀들을 노예로 빼앗긴 소작인들, 도망 노예들, 걸인들, 나병인들과 맹인들을 포함한 각종 질병을 앓는 이들이 각처로부터 무수히 모여들었다. 당시 팔레스타인 지역의 평균수명이 30대 초반이었으나 파산난 인생들이 많았던 갈릴리 지역은 더 낮았을 것이다.

고단한 민초들의 삶의 현장은 바로 타락한 세상 한복판이었다. 타락이란 성경에서 세상이라 일컫는 지배체제의 조건들인 욕망과 경쟁과 폭력을 온 몸으로 경험하는 상태이다. 타락한 세상에서 수많은 사람들이 욕망에 무너지고 경쟁에서 낙오하고 폭력(압제와 착취)에 시달리면서 하류인생들로 전락했다. 당시 위계질서 위에 세워진 "명예-수치 사회(honor-shame societies)"에서 명예는 중심 가치였다. 명예를 얻기 위해 욕망과 경쟁과 폭력이 난무하던 타락한 세상이었다. 명예추구의 대열에서 낙오한 부끄러운 인생들이 연명을 위해 갈릴리로 흘러들어와 유리방황하고 있었다. 갈릴리는 변방이었고 수치와 멸시의 땅이었다.

오늘날은 어떤가? 여전히 타락한 세상인가? 수치심과 낭패감을 안고 유리방황하는 이들이 있는가? 살아남기 위한 몸부림과 탄식과 울부짖음이 있는가? 로마제국과 종교권력으로 형상화된 지배체제에 예속된 수많은 민초들이 타락을 경험했던 것처럼 오늘날에도 여전히 타락한 지배질서에 예속되어 가진 자들은 탐욕스럽게 더 가지려 하고 가지지 못한 이들은 낭패 속에 인생 패배자로 낙오한다. 냉혹한 소비사회에서 무수한 이들이 더 많은 소유와 더 많은 소비를 욕망하면서 이웃을 폭력적으로 대하며 거칠게 경쟁한다.

예수님께서 제자 공동체를 세워 낡은 지배체제를 대체하는 하나님나라를 담으신다. 산상수훈에 그려진 제자 공동체가 타락을 경험하던 세상에서 해방되어 의롭고 풍요로운 하나님나라를 누리는 새로운 인간성과 새로운 사회의 단초가 될 것이다.

### 복의 선포

예수님은 갈릴리와 데가볼리와 예루살렘과 유대와 요단 강 건너편에서 그를 찾아온 수많은 무리들을 바라보고(마 4:25) 산에 오르셨다(마 5:1). 그리고 예수님은 자리에 앉으셨다. 그러자 제자들이 무리들 가운데서 예수님께 나아왔다. 예수님은 제자들을 향해 입을 열어 가르치면서 복을 선포하셨다. "복되도다! 마음이 가난한 사람들이여" "복되도다! 애통하는 사람들이여" 예수님은 가르침을 시작하면서 왜 가장 먼저 복을 선포하셨을까? 수치와 멸시의 땅에서 굴욕스럽게 살아가는 땅의 백성들을 단숨에 위로하고 소망을 주시기 위해서 였을 것이다. 그들이 더 이상 굴욕스럽게 살지 않고 당당하게 살도록 격려하기 위해서 였을 것이다. "내 제자로 살면 복이 있다", "내가 그대들을 복되게 하겠다." 희망을 주기 위함이었을 것이다. 이제 예수님은 그 분의 명예를 걸고 제자들을 복되게 하실 것이다. 복의 선포는 제자들의 미래를 결정했다. 오늘의 제자들도 똑같이 복의 선포를 받은 자들이다.

### 복과 명예

당시 "명예-수치 사회"에서 "복이 있다"고 말하는 것은 "명예롭다"고 말하는 것이었다. 당시에 "명예롭다"는 발언은 어떤 사람이 간직한 태도나 행실이나 소유물에서 고귀한 가치를 발견하고 그것을 크게 인정하는 것이었다. 우리말 "복스럽다"에 "명예롭다"라는 뜻이 담겨있는 것과 유사하다.

예수님이 제자들에게 여덟 번에 걸쳐 "복이 있다"고 선포한 것은 제자들에게서 발견되는 "의" 때문이었다. 제자들이 간직하고 있는(또는 장차 간직하게 될) "의"로 인해 예수님이 그들이 "명예롭다"고 선포하셨다. 예수님이 제자들에게 부여한 명예는 기존사회에서 부여하는 명예와는 같지 않을 것이다.

### 팔복

예수님이 제자들에게 여덟 번에 걸쳐 "복이 있다"고 선포한 것을 우리말로 팔복(八福), 여덟 가지 복이라고 한다. 팔복은 영어로 beatitude 라고 하는데, 라틴어 beati에서 유래한 것으로서 "복스러운 모습"(blessed)을 뜻한다. 고대 지중해 연안에서 "복있다"는 것은 "명예로운 자태"(honorable attitude)를 뜻했다. 팔복은 "제자들이 간직한 여덟 가지 명예로운 자태들"이라고 하겠다. 빌리 그래이엄(Billy Graham)이 젊은 날에 집필한 팔복 강해서 "행복의 비결"에서 팔복, beatitude를 풀어서 "beautiful attitude"라고 멋지게 표현했다. 팔복을 "제자들의 여덟 가지 아름다운 자태들"이라고도 할 수 있겠다.

이제 예수님이 말씀하신 순서를 따라 팔복을 하나씩 살펴보자.

### 제일복

"심령이 가난한 자는 복이 있나니 천국이 그들의 것임이요." 마태복음 5:3

"우리말 성경"이 원어를 따라 복이 강조되도록 번역했다.

"복되도다! 마음이 가난한 사람들이여, 하늘나라가 그들의 것이다." 우리말 성경

NRSV(New Revised Standard Version)도 복이 강조되도록 번역했다.

"Blessed are the poor in spirit, for theirs is the kingdom of heaven." NRSV

예수님이 가장 먼저 복이 있다고 선포한 대상이 "심령이 가난한 자들"이다. 그들은 누구인가? 성경에서 가난한 자들은 사회에서 그들의 신분이나 지위를 유지할 수 없었던 자들을 가리킨다. 오늘날 우리가 가장 먼저 떠올리는 경제적으로 궁핍한 자들이 포함되는 것은 물론이다. 고대 지중해 연안 사회에서 신분이나 지위를 잃게 되면 그 사람은 가난해지는 것이었고 그 결과 명예와 영향력을 상실했다. 경제적인 불운보다는 사회적인 재난에 의해 사람이 가난해졌다. 불의한 공권력에 의해 사회적 지위와 땅과 재산과 가족을 빼앗기거나, 자연재해에 의해 불구가 되거나 재산을 잃게 되면 가난해지는 것이었다. 또한 많은 땅을 소유했어도 그가 신체장애인이거나 정신장애인이거나 맹인이면 가난한 자였다. 많은 재산을 가진 과부도 아들이 없으면 가난한 자였다. 경제적 조건보다는 사회적 지위가 그 사람의 가난 여부를 결정했다.

본문에서 "심령이" 가난한 자라는 표현이 경제적 가난을 포함한 사회적이고 실존적인 가난을 묘사한다고 하겠다. 욕망과 경쟁과 폭력이 난무하는 타락한 세상에서 심령으로 가난한 자들이 만들어진다. 악과 고난으로 뒤틀린 세상에서 사람들이 심령으로 가난해진다. 우리가 시선을 들어 찬찬히 주위를 돌아보면 가난한 사람들을 보게 된다. 합법을 가장한 공권력의 폭압에 희생된 가족들, 신체적 폭력에 희생된 이들, 인신매매와 성매매에 착취된 이들, 성적학대를 당한 이들, 일찍 자식을 잃은 부모들, 신체장애와 정신장애로 무력해진 이들, 일터를 얻지 못해 백수라고 자탄하는 젊은이들, 직장을 잃고 방황하는 아저씨와 아줌마들, 일용직으로 살아가는 이들, 사회보장혜택으로 연명하는 이들. 이들 모두가 가난한 사람들이다.

댈러스 윌러드(Dallas Willard)는 그의 저서 "하나님의 모략"에서 팔복을 해설하면서 가난한 자에 대한 묘사를 하는 중에 악과 고난으로 타인을 가난하게 만드는 가해자도 가난한 사람이라고 동정적인 시선으로 언급한다. 우리 모두는 악과 고난으로 뒤틀린 세상에서 희생자와 가해자로 만나지만 어느 편에 서있든지 가난한 사람들이다. 우리 모두는 원치 않게 인간의 존엄성을 잃게 되고 사회적 지위와 신분을 잃게 된다. 이렇게 사회적 재난으로 가난해질 뿐만 아니라 세월이 가고 나이가 들면서 몸과 마음으로 가난해진다. 이 실존적인 가난을 시인 김현승이 "내가 가난할 때"라는 제목의 짧은 시로 묘사했다.

내가 가난할 때…
저 별들의 더욱 맑음을 보올 때.

내가 가난할 때…
당신의 얼굴을 다시 대할 때.

내가 가난할 때…
내가 육신일 때.

은밀한 곳에 풍성한 생명을 기르시려고
작은 꽃씨 하나를 두루 찾아
나의 마음 저 보랏빛 노을 속에 고이 묻으시는

주님은 오늘 내 집에 오시어
금은 기명과 내 평생에 값진 도구들을 짐짓
문 밖에 내어 놓으시다!

    가난은 타락한 세상에서 악과 고난을 겪으면서 소중한 것들(존엄성, 신분, 지위, 재산, 건강)을 상실한 결과이다. 예수님은 심령이 가난한 사람들이 복이 있다고 하신다. 참으로 고마운 말씀이다. 예수님의 복의 선포는 심령이 가난한 사람들을 명예롭게 만드시겠다는 것이다. 어떻게? 천국을 오게 해서! 심령이 가난한 자들은 타락한 세상에서 잃어버린 소중한 것들을 능히 상쇄할만한 것을 천국에서 얻는다. 그것은 "천국의 의"이다. 천국의 의가 예수님을 통해 제자들에게 전수된다. 이 천국의 의로 인해 제자들이 명예롭게 된다. 이 천국의 의로 인해 제자들이 그들의 신분에 걸맞는 품성과 행실을 지니게 된다. 이 천국의 의가 제자 공동체를 일으켜 타락한 세상 가운데 대안사회가 되게 한다.

예수의 제자들은 누구보다 심령이 가난한 자들이다. 그들이 세상에서 무리들과 동일하게 악과 고난을 경험할 뿐 아니라 은혜의 직분인 제자직의 대가로 고난을 받는다. 타락한 세상이 제자들의 출현을 달가워하지 않는다. 고난과 유혹으로 제자들을 시험하고 실족시키려 한다. 제자들은 고난과 유혹의 날에 가난한 심령으로 더욱 깊숙이 천국으로 들어간다. 거기서 천국의 의를 덧입고 믿음을 강화한다. 제자들이 비록 세상에서 고난 받고 가난해지고 작아지지만 천국에서 천국의 의를 덧입고 일어선다. 제자들은 세상에서 심령의 가난을 절감할수록 더욱 더 천국을 사모한다. 제자들이 복 있는 것은 그들이 천국의 의를 누리기 때문이다. 이 천국의 의가 제자들을 명예롭게 만든다. 천국은 미래에 충만하게 임하겠지만 이미 현재에 제자들 곁에 와있고 제자들이 의의 형태로 누리고 있다.

## 제이복

"애통하는 자는 복이 있나니 그들이 위로를 받을 것임이요." 마태복음 5:4

"복되도다! 슬퍼하는 사람들이여, 그들에게 위로가 있을 것이다." 우리말 성경

"Blessed are those who mourn, for they will be comforted." NRSV

제자들은 악과 고난으로 뒤틀린 세상에서 이렇게 저렇게 가난해질 때 애통한다. 또한 제자들은 거짓과 불의가 득세하고 아름다운 것들(사랑하는 사람들, 소중한 것들)이 무너질 때 애절하게 통곡한다. 애통은 아파하고 눈물 짓고 탄식하는 것이다. 제자들이 애통하는 것은 통증을 느끼기 때문이다. 무감각한 자는 통증을 모르고, 무의식한 자는 탄식하지 않는다. 병든 자가 얼마나 낫고 싶어 하는지 그가 애통한다. 악에 침해를 받고 부당하게 고난당한 자가 얼마나 아파하는지 그가 애통한다.

제자들은 애통하면서 세상의 정체를 알게 된다. 세상이 욕망과 경쟁과 폭력으로 지배하는 지배체제임을 알게 된다. 제자들의 성실한 통곡이 세상에 대한 비판의식을 낳는다. 제자들은 애통하면서 세상에서 돌아선다. 그리고 제자들의 비판의식은 애통하는 이들에 대한 연민과 연대로 이어진다. 애통은 자기의 아픔을 얼싸안고 눈물 짓는 자기연민으로 끝나지 않는다. 애통은 같은 아픔을 겪는 자와 연대하는 동료의식을 낳는다. 또한 비판의식은 대안 모색으로 나아간다. 애통, 즉 통곡과 탄식은 기존질서의 부인이자 새로운 질서를 열망하는 몸부림이다. 세상을 극복하는 질서는 천국에서 온다. 성실한 통곡에 하나님이 개입하신다.

애통하는 자가 복이 있는 것은 하나님이 애통하는 자를 하감하시기 때문이다. 하나님이 애통하는 제자들을 위로하신다. 위로를 영어로 comfort라 하는데 라틴어 com-forte(더하다-힘)에서 유래했다. 하나님의 위로, 즉 힘주심은 살 길을 보여주는 것이다. 하나님의 위로는 방향을 제시하고 대안을 보여주는 것이다. 하나님이 제자들의 심령에 새겨주시는 의가 그들에게 위로가 된다. 심령에 새겨진 천국의 의가 제자들의 삶의 동력이 되고 미래로 가는 방향이 되고 새 질서의 어젠더(agenda)가 된다. 하나님이 가난한 심령에 새겨주신 천국의 의가 애통하는 제자들에게 위로를 주며 그들을 명예롭게 한다.

### 제삼복

> "온유한 자는 복이 있나니 그들이 땅을 기업으로 받을 것임이요." 마태복음 5:5

> "복되도다! 온유한 사람들이여, 그들은 땅을 유업으로 받을 것이다." 우리말 성경

> "Blessed are the meek, for they will inherit the earth." NRSV

온유는 애통한 결과이다. 온유한 자들은 애통한 결과 위로의 선물로 천국의 의를 받는다. 그러기에 온유한 자들은 욕망과 경쟁과 폭력으로 드러나는 세상의 불의를 따르지 않는다. 온유한 자들은 압제자들이나 지주들에게 땅을 빼앗겨도 폭력으로 대응하지 않는다. 온유한 자들은 폭력이라는 세상의 불의를 거부하고, 그들 속에 있는 천국의 의가 사랑과 정의로 실현되어 평화가 만들어지기를 기다린다. 온유한 자들은 마침내 평화 속에서 땅을 얻는다. 그것은 하나님이 의의 실현을 통해 주시는 선물이다.

> "그러나 온유한 자들은 땅을 차지하며 풍성한 화평으로 즐거워하리로다." 시편 37:11

마침내 온유한 자들은 평화를 만들어내는 평화의 일군이 된다. 온유한 자들이 있는 곳에 하늘로부터 평화가 임한다. 온유함으로 땅을 되찾고 온유함으로 평화를 가져오는 제자들은 실로 명예로운 자들이다.

제자들은 온유한 사람들이다. 그들의 온유함은 욕망과 경쟁과 폭력으로 얼룩진 세상 한복판에서 만들어졌다. 그러나 온유함은 세상이 준 선물이 아니다. 천국의 의가 제자들에게 임했기에 그들은 온유해졌다. 제자들은 다만 애통하면서 세상에서 돌아섰을 뿐이다. 예수님은 "나는 마음이 온유하고 겸손하다"고 하셨다(마 11:29). 예수님은 마음(존재의 중심)에서 온유하시다. 예수님에게서 욕망하고 경쟁하고 폭력을 사용하는 모습을 그림자도 찾아볼 수 없다. 온유는 폭력적인 지배체제의 대척에 있다. 온유는 탈지배체제의 요체이다. 온유하신 예수님을 통해 하늘의 평화가 지상에 임한다. 제자들의 온유함은 예수님의 온유함을 닮았다. 제자들의 온유함은 천국의 의가 만들어낸 품성이자 행실이다. 예수님의 제자들은 온유한 사람들이다. 그들은 언제나 온유하다.

### 제사복

> "의에 주리고 목마른 자는 복이 있나니 그들이 배부를 것임이요." 마태복음 5:6

"복되도다! 의에 주리고 목마른 사람들이여, 그들에게 배부름이 있을 것이다." 우리말 성경

"Blessed are those who hunger and thirst for righteousness, for they will be filled." NRSV

제자들이 세상에서 가난한 심령으로 애통하다가 하나님의 위로를 받고 온유한 자들이 된다. 이제 제자들은 그들로 타락한 세상에서 비범하게 행동하도록 만드는 천국의 의를 알고 싶어 한다. 그리고 더욱 누리고 싶어 한다. 그래서 이 신비로운 은총의 세계를 추구한다. 주리고 목마른 것은 간절한 추구와 열망을 뜻한다. 루이스(C. S. Lewis)는 그의 저서 "영광의 무게"에서 "하늘에 어울리게 만들어진 자들에게는 그 신분에 걸맞는 열망이 이미 들어와 있다"고 말한다. 하나님은 제자들의 "의를 향한 열망"을 기특하게 여기시고 실망시키지 않으신다. 하나님은 의를 추구하는 제자들을 풍성한 의의 세계로 인도하시어 그들에게 포만감을 주신다.

필자는 이 지점까지 글 전개의 편의를 위해 수차례에 걸쳐 "천국의 의"라는 용어를 써서 "의"를 묘사했다. 이제부터는 산상수훈 본문에 등장하는 "의"라는 용어를 그대로 사용할 것이다. 그러면 "의"가 무엇인가?

– "의"(義, righteousness)

그러면 제자들이 간절히 추구하는 "의"(義, righteousness)가 무엇인가? "의"는 산상수훈 이해에 핵심역할(key player)을 한다. "의"를 이해하기 위해서는 세 가지 면을 고려해야 한다.

먼저, "의"는 사도 바울이 발전시킨 칭의와 관련된 용어가 아니라는 것이다. 스콧 맥나이트(Scot McKnight)는 이렇게 말한다. "바울 이전의 유대교 맥락에서 '의'라는 용어는 압도적으로 '언약적 신실함' 혹은 '토라 준수'를 의미했다. 하지만 바울은 그와는 완전히 다른 맥락, 즉 이방인 선교에 관여했기 때문에, 이 모든 의미에 새로운 차원을 부여했다. 바울은 이 용어의 초점을 이동시켜 '의롭다고 선언됨(칭의)'에 집중한다. 하지만 예수의 상황은 여전히 바울 이전이며, 우리는 이 사실을 명심해야 한다." 산상수훈에서 예수님이 말씀하신 "의"는 사도 바울이 발전시킨 칭의와 관련되기 보다는 유대교의 전통 가운데 있는 언약적 신실함과 관련된다고 보아야 할 것이다.

다음으로, "의"를 이해하기 위해서는 "언약"을 고려해야 한다. 왜냐하면 "의"는 언약관계에서 이루어지는 상호작용의 산물이기 때문이다. 라이트(N. T. Wright)는 "의"를 하나님과 하나님의 백성들 상호간의 언약적 의무들(covenantal obligations)이라고 말한다. 언약적 의무들을 이해하기 위해 언약이 무엇인지 살펴보아야 할 것이다. 언약을 고려하지 않은 채 "의"를 이해하려 하면 심각한 왜곡에 이르게 될 것이다.

\* 언약이란?

그러면 언약(계약, covenant)이 무엇인가? 언약은 하나님이 우상숭배자들(또는 반역상태에 있는 자들)을 자기 백성들로 만드는 장치이다. 언약은 계약이나 조약의 형태를 하고 있지만 내용은 우상숭배자들을 하나님에게 결속시키는 것이다. 그래서 언약은 "두 당사자들을 결속시키는 장치"(the device to bind two parties together) 라고 표현된다. 하나님이 언약으로 우상숭배자들을 자기 백성으로 삼으신다(자기에게로 묶으신다). 예를 들어, 인류가 시날 평지에서 하나님에 대한 반역을 도모하다가 흩어짐을 당한 후에(창 11), 하나님은 우상숭배자 아브라함을 불러서 그와 더불어 언약을 맺고 그를 하나님의 친구로 삼으신다(약 2:23). 그리고 하나님은 아브라함을 복(복의 통로)으로 세워서 천하만민에게 하나님을 알리고 그들을 하나님의 백성들로 삼고자 하신다. 이후에 하나님은 모세를 통해 애굽에서 불러낸 노예들과 언약을 맺고 하나님의 백성들로 삼으신다. 그리고 그들이 부여된 계명을 준행하여 하나님의 영광을 반영하는 거룩한 백성들이 되도록 하신다. 후에 하나님은 다윗과 언약을 맺고 장차 임할 하나님나라를 예표하는 지상 왕국을 그를 통해 세우신다. 마침내 예수님이 오셔서 십자가의 죽음과 부활로 새 언약을 맺어 천하만민을 하나님의 백성들로 삼으신다. 이렇게 언약은 하나님이 반역 상태에 있는 자들을 자기에게로 묶으시는 구원의 장치이다.

이제 언약으로 묶인 하나님과 하나님의 백성들은 서로를 향해 언약적 의무를 다해야 한다. 그래야 견고한 하나님의 백성들의 공동체가 유지된다. 하나님은 언약적 의무를 다하기 위해 하나님의 백성들에게 충성하신다. 하나님은 그들을 의의 길로 인도하고 위험에서 보호하며 그들에게 필요한 것들을 공급하신다. 하나님이 언약적 의무를 다하기 위해 자기 백성에게 충성하는 것(인도, 보호, 공급)을 "하나님의 의"라고 한다. 또는 언약을 강조해서 언약의 사랑(covenant love) 또는 언약적 사랑(covenantal love)이라고도 한다.

하나님의 의가 신실하심(성실, 진실)과 인자하심(인애)이라는 용어들로 구약에서 표현되는데 자기 백성을 향한 하나님의 충성을 표현하는 용어들이다. 시편에서 시인들이 노래한 하나님의 의, 신실하심과 인자하심을 살펴보자.

> "무릇 주의 인자는 커서 하늘에 미치고 주의 진리는 궁창에 이르나이다" 시편 57:10

> "내가 여호와의 인자하심을 영원히 노래하며 주의 성실하심을 내 입으로 대대에 알게 하리이다" 시편 89:1

> "의와 공의가 주의 보좌의 기초라 인자함과 진실함이 주 앞에 있나이다" 시편 89:14

> "나의 성실함과 인자함이 그와 함께 하리니 내 이름으로 말미암아 그의 뿔이 높아지리로다" 시편 89:24

"그러나 나의 인자함을 그에게서 다 거두지는 아니하
며 나의 성실함도 폐하지 아니하며" 시편 89:33

"여호와는 선하시니 그의 인자하심이 영원하고 그의
성실하심이 대대에 이르리로다" 시편 100:5

"주의 인자하심이 하늘보다 높으시며 주의 진실은 궁
창에까지 이르나이다" 시편 108:4

"우리에게 향하신 여호와의 인자하심이 크시고 여호
와의 진실하심이 영원함이로다 할렐루야" 시편 117:2

언약의 파트너로서 하나님은 언약적 의무를 다하기 위해 하나님의 백성들에게 충성하신다. 성경에서 자기 백성을 향한 하나님의 충성을 신실(faithfulness)과 인자(steadfast love, covenant mercy)라는 용어들로 묘사한다. 하나님이 자기 백성을 충성스럽게 보살피는 것을 "하나님의 의"라고 한다. 하나님의 의가 예수님을 통해 환하게 드러났다. 예수님은 선한 목자의 비유로 자기 양들(하나님의 백성들)을 충성스럽게(신실과 인자로) 돌본다고 말씀하셨고(요 10:1-15), 십자가의 길을 걸어 하나님의 백성들을 향한 충성을 온 몸으로 드러내셨다.

 \* 신실과 인자

그러면 "하나님의 의"의 실체인 신실과 인자가 무엇인가? 언약의 파트너로서 하나님은 언약적 의무에 충실해서 자기 백성을 신실과 인자로 대하신다. 신실은 언약으로 결속된 관계를 견고하게 유지하려는 하나님의 의지에 찬 사랑이다. 하나님의 백성들이 하나님께 대한 충성을 거부하고 반역행위를 할 때에도 하나님은 언약으로 맺어진 사랑의 관계를 끊지 않고 끝까지 유지하신다. 하나님의 백성에 대한 하나님의 한결같은 충성을 신실이라고 한다. 그리고 인자는 행동으로 나타난 신실(faithfulness in action)로서 하나님이 자기 백성들을 섬세하게 보살피는 것(인도하고 공급하고 보호하는 것)이다. 특별히 인자는 하나님의 백성들이 악과 고난을 경험할 때 하나님이 나타내시는 신실이기에 언약적 자비(covenant mercy)라고도 표현된다. 성경 곳곳에 인자와 자비(긍휼)가 나란히 함께 나타나서 인자가 언약 안에서 드러나는 자비임을 보여준다. 인자의 장이라고 불리는 시편 103편에서 그 실례를 볼 수 있다.

"그가 네 모든 죄악을 사하시며 네 모든 병을 고치시며 네 생명을 파멸에서 속량하시고 인자와 긍휼로 관을 씌우시며 좋은 것으로 네 소원을 만족하게 하사 네 청춘을 독수리 같이 새롭게 하시는도다." 시편 100:3-5

"여호와는 긍휼이 많으시고 은혜로우시며 노하기를 더디 하시고 인자하심이 풍부하시도다." 시편 100:8

"아버지가 자식을 긍휼히 여김 같이 여호와께서는 자기를 경외하는 자를 긍휼히 여기시나니 이는 그가 우리의 체질을 아시며 우리가 단지 먼지뿐임을 기억하심이로다." 시편 100:13-15

마지막으로, "의"는 고대 지중해 연안 사회에서 통용되던 용어였다는 점을 고려해야 한다. 고전 헬라어 문헌에서 "의"(δικαιοσύνη)의 용례적 의미는 사회적 의무에 충실하는 것이었다. 구약성경 칠십인 역에서 "의"(δικαιοσύνη)는 언약적 의무와 관련된 용어를 헬라어로 번역하는데 사용되었다.

그리고 "의"는 고대 특정지역의 사회적 의무를 수행하는 것이었기에 그 지역의 정서나 기질을 반영한다. 특정지역 주민들에게는 그 지역 특유의 사회적 의무를 수행하면서 형성된 그들만의 독특한 기질이 있다. 그 기질은 조상적부터 내려온 오래된 것일 수도 있다. 예를 들어, 필자가 부산 지역의 대학생들에게 본토 부산 사람들의 기질이 무엇이냐고 물었더니 "의리"라고 답했다. TV 광고에서 김보성 씨가 우람한 팔뚝을 치켜들고 사투리로 "으리"라고 외치는 "의리"가 부산 사람들의 기질이다. 이 기질을 수천년 전 지중해 연안 사람들의 용어로 "의"라고 할 수 있다. 필자에게는 부산 태생의 60년 지기 친구들이 있다. 그들의 의리는 60년이 한결같은 대단한 것이다. 본토 부산 사람들의 의리가 그들의 "의"인 셈이다.

하나님이 자기 백성들을 대하시는 독특한 태도와 행실이 있다. 하나님은 자기 백성을 충성스럽게(신실과 인자로) 보살피신다. 이것을 하나님의 "의"라고 한다. 시정의 언어였던 "의"라는 용어가 하나님과 하나님의 백성들 사이에 형성된 독특한 태도와 행실을 묘사하기 위해 성경에 차용된 것이다. 마치 "복음"이라고 하는 로마시대의 정치군사적 용어(미래의 왕이 탄생했다는 좋은 소식 또는 왕이 등극했다는 좋은 소식 또는 전투에서 승리했다는 좋은 소식)가 하나님나라의 도래와 예수님의 공생애를 묘사하기 위해 성경에 차용된 것과 흡사하다.

– 하나님의 백성들의 "의"

이제 하나님의 백성들의 "의"를 살펴보자. 하나님의 백성들도 언약의 파트너로서 언약적 의무(covenantal obligations of God's people)를 다해야 한다. 하나님은 자기 백성들이 언약적 의무를 수행하도록 하나님을 사랑하고 이웃을 사랑하라는 사랑의 이중계명을 주셨다. 사랑의 이중계명은 하나님의 백성들의 언약적 의무를 담고 있기에 준행을 요구한다. 언약의 파트너로서 하나님의 백성들은 사랑의 이중계명을 준행하면서 하나님을 사랑하고 이웃을 사랑한다. 하나님을 사랑하는 것은 하나님에게 충성하는 것이다. 이 충성을 신실함이라고 표현한다. 하나님의 백성들이 하나님을 사랑하라는 계명을 준행할 때 하나님을 향한 충성(신실함)이 그들의 "의"로 형성된다. 그리고 하나님의 백성들이 이웃을 사랑하라는 계명을 준행할 때 이웃을 향한 충성(신실함)이 "의"로 형성된다. 인자는 신실함에 따라온다. 하나님의 백성들이 사랑의 이중계명을 준행하여 신실과 인자로 언약적 의무를 다할 때 하나님의 백성의 공동체가 견고하게 자라간다.

요약하자면 하나님의 백성들이 언약적 의무를 다하고자 사랑의 이중계명을 준행할 때 충성, 즉 신실과 인자가 그들의 "의"로 형성된다. 신실과 인자는 언약적 의무를 담고 있는 사랑의 이중계명을 준행할 때 만들어진 의이다. 본회퍼(Dietrich Bonhoeffer)의 말처럼 계명을 준행할 때 하나님의 현실이 만들어진다. 하나님의 백성들이 사랑의 이중계명을 준행할 때 만들어진 하나님의 현실이 바로 하나님의 백성들의 의이다.

그러므로 제자들의 "의"는 하나님과의 언약관계에서 언약적 의무를 수행하는 가운데 형성된 의이다. 제자들은 신실과 인자의 의로 제자 공동체에서 서로를 보살피는 한편(요 13:12-17; 34-35; 빌 1:8), 하나님의 백성을 일으키기 위해 신실과 인자의 의를 세상에서 펼쳐 보인다(마 5:13-16). 산상수훈 전편에 걸쳐 신실과 인자가 "의"라는 표현으로 배경음악의 주음(主音)처럼 반복되고 변주되어 나타난다. 제자들의 의에 대해서는 마태복음 5:17-20에서 다시 살펴보게 될 것이다.

하나님은 의를 구하는 제자들을 기특하게 여기시고 의를 충만하게 누리게 하신다. 제자들이 신실과 인자를 그들의 인격과 행실에 담아 풍성하게 드러내면 그들의 스승과 하나님이 영화롭게 되고 그들도 명예롭게 된다.

> "너희가 열매를 많이 맺으면 내 아버지께서 영광을 받으실 것이요 너희는 내 제자가 되리라" 요한복음 15:8

― 세계질서로서의 의(righteousness as world order)
구약성경 중에 특히 예언서들에서 "의"(righteousness)와 "정의"(공의, justice)가 쌍을 이루어 나타날 때가 많이 있다. 마치 신실과 인자가 쌍을 이루어 표현되는 것처럼. 다윗이 하나님을 찬양한 시편 89:14에서 대표적인 실례를 볼 수 있다.

"의와 공의가 주의 보좌의 기초라, 인자함과 진실함이 주 앞에 있나이다." 시편 89:14

"Righteousness and justice are the foundation of your throne; steadfast love and faithfulness go before you." NRSV

하나님의 의, 즉 하나님의 언약적 신실함이 하나님의 백성들을 통해 사회경제적 질서와 정치적 질서를 견고하게 유지하는 정의로 나타난다. 그리고 시편 85:10-11에는 하나님의 의가 우주적인 전망에서 노래되고 있다.

"인애와 진리가 같이 만나고 의와 화평이 서로 입맞추었으며, 진리는 땅에서 솟아나고 의는 하늘에서 굽어보도다." 시편 85:10-11

"Love and faithfulness meet together; righteousness and peace kiss each other. Faithfulness springs forth from the earth, and righteousness looks down from heaven." NRSV

하늘과 땅으로 표현된 우주에 가득한 하나님의 의로 인해 화평(샬롬, 우주적 조화와 복지)이 만들어진다. 하나님의 의가 땅에 평화를 가져옴을 12-13절에서 다시 노래한다.

"여호와께서 좋은 것을 주시리니 우리 땅이 그 산물을 내리로다. 의가 주의 앞에 앞서 가며 주의 길을 닦으리로다." 시편 85:12-13

"The LORD will give what is good, and our land will yield its increase. Righteousness will go before him, and will make a path for his steps." NRSV

하나님은 언제나 의의 길을 걸으신다. 그 의로 인해 하늘과 땅에 샬롬이 깃든다. 의의 길을 걸으시는 하나님은 그 의로 하나님의 백성이라는 새로운 공동체를 일으켜서 고아와 과부와 나그네로 대표되는 사회적 약자들과 빈자들을 돌보는 정의를 행하게 하시고 하늘의 평화를 지상에 가져오신다.

"그는 의와 정의를 사랑하심이여; 땅에는 여호와의 인자하심이 충만하도다." 시편 33:5

"He loves righteousness and justice; the earth is full of the steadfast love of the LORD." NRSV

하나님은 그 분의 의가 정의의 형태로 땅의 구석구석까지 미치기를 원하신다. 월터 브루지만(Walter Brueggemann)이 그의 글에 인용한 스위스 신학자 한스 하인리히 슈미트(Hans Heinrich Schmid)의

"세계질서로서의 의(righteousness as world order)"라는 글이 하나님의 의가 지닌 포괄적 성격을 잘 드러낸다. 그 글의 요지는 다음과 같다. "의는 언약적 의무에 관한 것일 뿐만 아니라 하나님이 땅에 명령하고 땅을 다스리는 방법, 즉 생명을 주고 생명을 육성하며 생명을 유지하는 관계성에 관한 것이기도 하다." 슈미트는 하나님의 의가 하나님의 백성에게 충성으로 나타날 뿐 아니라 생태계 전반을 관할하여 평화를 만들어내는 세계질서로 나타난다고 주장한다. 시편에 나타난 하나님의 의의 포괄성을 반영한 것이라고 하겠다. 세계질서로 나타나는 하나님의 의는 하나님의 언약적 신실함이 피조물 일반에게 나타나는 것이라고 할 수 있다.

산상수훈에는 "의"라는 표현이 다섯 번 등장한다(5:6, 10, 20; 6:1, 33). 그 중에서 5:20과 6:1의 "의"가 "제자들의 의(언약적 의무)"에 한정된 것이라면, 5:6과 5:10과 6:33의 "의"는 생태계 전반을 관할하는 "세계질서로서의 의"가 함축된 것이라고 할 수 있다. 시편 85편에 노래된 것처럼 하나님의 의가 하늘과 땅에 가득하기 때문이다.

> "인애와 진리가 같이 만나고 의와 화평이 서로 입맞추었으며 진리는 땅에서 솟아나고 의는 하늘에서 굽어보도다. 여호와께서 좋은 것을 주시리니 우리 땅이 그 산물을 내리로다. 의가 주의 앞에 앞서 가며 주의 길을 닦으리로다." 시편 85:10-13

"의"로 표현된 하나님의 언약적 신실함이 하나님의 백성들에게 언약적 의무로 나타날 뿐 아니라 피조세계에 샬롬을 가져오는 세계질서로 나타난다. 그러므로 본문 5:6에서 제자들이 "의에 주리고 목말라 하는 것"은 제자 공동체에 임하는 하나님의 언약적 신실함(신실과 인애)을 사모하는 것이기도 하면서, 욕망과 경쟁과 폭력으로 얼룩진 타락한 세상에 하늘의 평화가 임하여 샬롬이 만들어지기를 열망하는 것이기도 하다.

팔복 중에 1-4복은 제자들이 세상에서 하나님께로 나아가는 움직임(in-flowing mobility)에서 드러나는 명예로움이라면, 5-8복은 제자들이 하나님에게서 세상으로 나아가는 움직임(out-flowing mobility)에서 드러나는 명예로움이다. 그 역동적인 움직임 속에서 제자들의 복스러운 모습들이 환하게 드러난다.

### 제오복

"긍휼히 여기는 자는 복이 있나니 그들이 긍휼히 여김을 받을 것임이요." 마태복음 5:7

"복되도다! 자비로운 사람들이여, 그들은 자비를 받을 것이다." 우리말 성경

"Blessed are the merciful, for they will receive mercy." NRSV

이제 예수님의 제자들은 의를 구할 뿐만 아니라 그들이 간직한 의를 행실로 드러낸다. 제자들은 가난한 심령으로 애통할 수밖에 없는 세상에서 그들의 의를 나타낸다. 본회퍼의 말처럼 세상의 현실이 고난이라면 하나님의 현실은 자비이다. 세상은 악과 고난으로 뒤틀려있다. 악이 생명을 침해하는 힘이라면 고난은 피조물이 부서지고 부패하는 과정이다.

하나님의 자비가 피조물이 겪는 고난을 배경으로 나타난다. 하나님의 자비가 마치 조명불빛(spotlight)처럼 망가지고 부서진 피조물을 향해 환한 불빛으로 다가간다. 자비는 히브리어로 아기집(자궁)과 어원을 같이 한다. 임신부가 아기집에 들어있는 꼬마 아기의 태동을 감지하듯이 하나님이 고난에 처한 이들의 처지와 아픔을 공감하신다. 그리고 그들을 곤궁에서 건지신다. 하나님의 자비는 피조물 일반을 향해 나타난다.

> "하나님께서는 악한 사람이나 선한 사람이나 똑같이 햇빛을 비춰 주시고 의로운 사람이나 불의한 사람이나 똑같이 비를 내려 주신다." 마태복음 5:45, 우리말 성경

제자들이 하나님의 자비를 그들의 의에 담아 세상에 드러낸다. 제자들은 자비의 사람들로 이 세상에서 고난당한 자들에게 나아간다. 정확히 표현하자면 그들의 고난 속으로 들어간다. 고난당한 자의 현장에 같이 있지 않으면 자비를 총량으로 베풀기 어렵다. 물론 고난의 현장에서 멀리 떨어져 있어도 기도하고 마음을 쓰고 물질로 도울 수 있다. 그러나 자비는 마주하는 눈길로, 말을 건네는 것으로, 안고 품는 것으로,

같이 우는 것으로, 같이 음식을 나누는 것으로, 손을 잡고 기도하는 것으로만이 제대로 드러낼 수 있다. 자비는 고난의 현장에서 그들과 함께 시간을 보내는 것이다. 제자들은 예수님에게서 자비의 주님을 발견한다. 예수님은 고난당한 자들을 만날 때마다 마음이 크게 움직였고, 눈을 마주쳤고, 말을 건넸고, 손을 잡았고, 때로는 먼 길을 갔고, 때로는 오해와 위험을 무릅쓰고 도움을 주셨다.

자비사역은 시간과 눈물과 땀을 요구하지만 예수님이 가신 길에 가장 근접한 것이다. 제자들이 자비의 사람들로 고난당한 자들 곁에 있을수록 하나님나라가 따뜻하고 환하게 고통으로 가득한 세상에 임할 것이다. 악과 고난으로 뒤틀린 세상은 언제나 자비의 사람들이 나타나기를 기다린다. 오늘날 하나님의 자비로 보살펴야 할 곳이 얼마나 많은가? 신체장애인들, 정신장애인들, 노숙인들, 버려진 영아들과 고아들, 끼니를 걱정하는 이웃들, 가정폭력에 희생된 여성들과 아이들, 성폭력 피해자들, 성매매와 인신매매로 노예가 된 이들, 재난을 당한 이들, 부패한 정치인들로 인해 난민이 된 이들, 전쟁의 참화를 겪는 이들…….

제자들이 자비의 사람으로 고난의 현장으로 들어갈 때 참혹한 현실에 마음이 무너지기도 하고 끝없이 반복되는 고단한 작업에 심신이 지치기도 한다. 제자들은 한계 속에서 하나님의 자비를 탄원한다. 제자들은 하나님이 고난의 현실을 불쌍히 여기시고 구원의 손길을 베풀어 주시기를 간절히 구한다. 자비로우신 하나님이 자비 사역자들과 함께 하신다. 일손을 나눌 동역자들을 보내주시고, 적절한 쉼을 주시고, 필요한 물자를 공급하시고, 환경을 바꿔주신다. 제자들이 자비사역을 하면서 점차 하나님의 자비에 대해 민감해지고, 하나님의 자비를 봄날의 따뜻한 햇살처럼 여름날의 시원한 단비처럼 적절하게 베풀게 된다. 하나님은 제자들이 자비의 사람들이 되어갈 때 가장 흡족해 하실 것이다.

### 제육복

> "마음이 청결한 자는 복이 있나니 그들이 하나님을 볼 것임이요." 마태복음 5:8

> "복되도다! 마음이 깨끗한 사람들이여, 그들은 하나님을 볼 것이다." 우리말 성경

> "Blessed are the pure in heart, for they will see God." NRSV

당시에 마음은 도덕의 자리로 여겼다. 마음에 깨끗한 것을 두면 행실이 깨끗하고 마음에 더러운 것을 두면 행실이 더러워진다. 마음에 무엇을 두느냐에 따라 그 사람의 됨됨이가 결정된다. 예수님이 이 사실을 명확하게 말씀했다. "속에서 곧 사람의 마음에서 나오는 것은 악한 생각, 곧 음란과 도적질과 살인과 간음과 탐욕과 악독과 속임과 음탕과 질투와 비방과 교만과 우매함이니, 이 모든 악한 것이 다 속에서 나와서 사람을 더럽게 하느니라"(막 7:21-23). 예수님은 (확대 적용된) 십계명에 저촉된 행실들을 "이 모든 악한 것들(all these evil things, 23)"이라고 지칭하면서 사람의 마음에 들어 있는 "악한 생각들(evil intentions, 21)"이 밖으로 나와서 맺은 열매들이라고 말씀한다. 그리고 "이 모든 악한 것들"이 사람을 더럽게 한다고 말씀한다. 예수님의 말씀에 따르면 사람이 마음에 무엇을 두느냐에 따라 행실이 결정되고, 행실에 따라 그가 청결한 사람인지 부정한 사람인지가 결정된다.

예수님은 제자들이 마음이 청결한 사람이라고 말씀하시는 듯하다. 제자들의 마음에 의가 신실과 인애의 모습으로 자리 잡고 있기 때문이다. 고난당한 자들을 공감하고 체휼하며 그들의 고난을 경감하고자 노력하는 제자들의 마음이 깨끗할 수밖에 없다. 제자들의 마음이 자비로 가득하기 때문이다. 자비는 신실과 인애의 한 자락이다. 신실이 하나님과 하나님의 백성의 언약관계를 견고하게 유지하려는 의지에 찬 사랑이라면, 인애는 신실의 다른 표현으로서 언약의 파트너를 향해서 구체적인 도움을 주는 사랑이다. 구약성경의 많은 곳에서 인애가 언급되는 곳에 자비가 함께 나타난다. 인애가 행동화된 신실이라면 자비는 개별화된 인애이다.

제자들의 마음이 자비로 가득할 때 거기에 언약에서 비롯된 의가 작동하고 있는 것이다. 제자들이 자비의 사람이 되어갈수록 자비로우신 하나님의 영광을 희미하게나마 감지하게 된다. 마침내 제자들은 하나님의 영광이 충만한 천성에서 고난의 주이면서 영광의 주이신 예수님으로부터 명예로운 면류관을 받게 될 것이다. 아마도 거기에 이런 글귀가 새겨져 있지 않을까? "자비로 고결해진 그대를 자랑스럽게 여기네."

## 제칠복

"화평하게 하는 자는 복이 있나니 그들이 하나님의 아들이라 일컬음을 받을 것임이요." 마태복음 5:9

"복되도다! 평화를 이루는 사람들이여, 그들은 하나님의 아들들이라 불릴 것이다." 우리말 성경

"Blessed are the peace makers, for they will be called children of God." NRSV

"인애와 진리가 같이 만나고 의와 화평이 서로 입맞추었으며… 의가 주의 앞에 앞서 가며 주의 길을 닦으리로다." 시편 85:10,13

의의 길을 걸으시는 하나님은 하나님의 백성들을 일으켜 그들의 공동체를 대안사회로 삼아 타락한 세상에 평화(샬롬)를 가져오신다. 하나님이 언약을 맺어 세운 하나님의 백성들의 공동체는 평화로운 공동체이다. 평화로운 공동체는 타락한 세상과 달리 폭력적인 지배에 의한 사회적인 약자들이나 빈자들을 만들어내지 않는다. 평화로운 공동체는 이웃을 배척하거나 그들과 경쟁하지 않는다. 평화로운 공동체는 이웃과 연합하고 결속하여 서로의 필요와 처지를 보살핀다. 거기에 부서진 관계의 회복과 서로의 결핍을 채우는 풍성함이 샬롬의 이름으로 깃든다.

칠복은 삼복과 맞닿아 있다. 온유는 폭력적인 세상질서를 거부하면서, 하나님의 의가 정의와 사랑의 모습으로 실현되어 평화가 만들어지기를 기다리는 태도이다. 온유는 평화를 만드는 기술이다. 온유한 제자들을 통해 하늘의 평화가 지상에 임하여 평화로운 공동체가 만들어진다.

지상의 평화에 관해 연구하는 이들이 평화를 두 가지로 대별한다. 결과로서의 평화와 과정으로서의 평화이다. 결과로서의 평화는 갈등과 분쟁이 사라진 상태이다. 사실 이러한 평화는 지상에서 찾아보기 어렵다. 그래서 과정으로서의 평화가 거론된다. 과정으로서의 평화는 만들어가는 평화이다. 과정으로서의 평화는 폭력의 제거, 폭력의 극소화를 도모한다. 평화의 걸림돌이 폭력이다. 언제나 평화는 멀고 폭력은 가깝다. 폭력은 사람의 본성에 들어와 있고 사회구조 속에 들어와 있다. 폭력이 인간성을 무너뜨리고 사회에서 안녕을 파괴한다. 어떤 형태의 폭력-직접적 폭력, 구조적 폭력, 문화적 폭력-이든 폭력의 희생자가 된 이들이 얼마나 평화를 갈구하는지 모른다. 폭력이 난무하는 가정에서 자란 아이들이 얼마나 가정의 평화를 갈구하는지 모른다. 전쟁의 참화를 겪은 민족은 어떠한 형태의 전쟁도 승인하기 어렵다.

제자들은 인간 본성에 들어와 있는 폭력에서부터 사회구조 속에 들어와 있는 폭력까지 모든 형태의 폭력을 거부하면서 지상에 평화를 만들어내려 노력한다. 제자들은 폭력에 희생된 이들을 자비로 대하며 폭력의 극소화에 앞장선다. 그리고 그들 가운데 평화로운 공동체를 만들려 노력한다. 제자들이 평화의 일군들(peace makers)로, 평화를 가져오는 자들(peace bringers)로 살아갈 때 하나님의 자녀들이라는 명예로운 호칭을 얻는다. 그들의 의가 평화의 하나님을 반영하기 때문이다. 제자들이 그들의 의를 드러내어 평화로운 공동체를 만드는 방법이 마태복음 5:21-48에 언급되어 있다.

### 제팔복

"의를 위하여 박해를 받은 자는 복이 있나니 천국이 그들의 것임이라. 나로 말미암아 너희를 욕하고 박해하고 거짓으로 너희를 거슬러 모든 악한 말을 할 때에는 너희에게 복이 있나니 기뻐하고 즐거워하라. 하늘에서 너희의 상이 큼이라 너희 전에 있던 선지자들도 이같이 박해하였느니라." 마태복음 5:10-12

"복되도다! 의를 위해 핍박을 받는 사람들이여, 하늘나라가 그들의 것이다. 복되도다! 나 때문에 사람들의 모욕과 핍박과 터무니없는 온갖 비난을 받는 너희들, 기뻐하고 즐거워하라. 하늘에서 너희들의 상이 크다. 너희들보다 먼저 살았던 예언자들도 그런 핍박을 당했다." 우리말 성경

"Blessed are those who are persecuted for righteousness' sake, for theirs is the kingdom of heaven. Blessed are you when people revile you and persecute you and utter all kinds of evil against you falsely on my account. Rejoice and be glad, for your reward is great in heaven, for in the same way they persecuted the prophets who were before you." NRSV

타락한 세상에서 하나님의 의를 실현하여 샬롬이라는 하늘의 평화를 가져오고자 분투하는 제자들이 핍박을 받는다. 본문에 "핍박을 받는다"라는 표현이 세 번 등장한다. 이것은 제자직에 고난(핍박과 모욕과 비난)이 구조적으로 들어있음을 뜻한다. 제자들이 평화의 일군으로 세상에 들어갈 때 폭력적인 세상이 거칠게 저항한다. 제자들로 인해 세상이 비판되고 세상의 정체가 드러나기 때문이다. 악과 고난을 끊임없이 재생산하여 사회적인 약자들과 빈자들을 만들어내는 지배체제의 역사는 길고도 오래된 것이다. 오래된 역사만큼이나 예언자들이 꾸준히 나타나서 지배체제를 비판했고 그들은 거칠게 제거되었다. 마침내 예수님에 의해 지배체제가 결정적으로 비판을 받았다. 예수님은 십자가의 길에서 모진 핍박과 모욕과 비난을 받았고, 악과 고난이라는 죽음의 세력을 자기 안에 품어 안고 부활함으로써 생명의 세력을 가져왔다. 지배의 시대가 가고 평화의 시대가 왔다.

제자직에 고난이 들어있는 것은 그들이 평화의 일군들로 세상에 들어가기 때문이다. 천국이 충만하게 임하기까지 폭력적인 세상은 예수님에게 저항했듯이 제자들에게 저항할 것이다. 평화의 임금이 핍박과 모욕과 비난을 받았고 이제는 평화의 일군들이 똑같이 저항을 받는다. 전투는 계속되고 있지만 전쟁의 승패는 결정되어 있다. 평화가 확보되어야 할 영역들이 남아있을 뿐이다.

제자들은 평화의 일군들로 모든 순간에 온유하다. 핍박과 모욕과 비난을 받아도 폭력으로 대응하지 않는다. 하나님의 의가 그들을 통해 정의와 사랑의 형태로 지상에 실현되어 평화가 만들어지기를 기다린다. 평화의 일군들은 거칠고 모진 저항 속에서도 언제나 온유하다.

장차 천성에서 평화의 일군들이 받게 될 상급이 무엇일까? 그것이 평화의 임금 예수님이 하사하는 면류관이라면 거기에 이런 글귀가 새겨져있지 않을까? "고난과 영광을 나와 함께 한 그대를 자랑스럽게 여기네."

# 2
## 세상의
## 소금과 빛

마태복음 5:13-16

¹³ 너희는 세상의 소금이니
 소금이 만일 그 맛을 잃으면 무엇으로 짜게 하리요
 후에는 아무 쓸 데 없어 다만 밖에 버려져 사람에게 밟힐 뿐이니라
¹⁴ 너희는 세상의 빛이라 산 위에 있는 동네가 숨겨지지 못할 것이요
¹⁵ 사람이 등불을 켜서 말 아래에 두지 아니하고 등경 위에 두나니
 이러므로 집 안 모든 사람에게 비치느니라
¹⁶ 이같이 너희 빛이 사람 앞에 비치게 하여 그들로 너희 착한 행실을 보고
 하늘에 계신 너희 아버지께 영광을 돌리게 하라

예수님은 제자들이 하나님의 의가 실현된 평화로운 공동체를 만들어 평화(샬롬)의 시대를 앞당기는 과업을 소금과 빛이라는 그림 언어로 말씀한다. 지배의 시대를 끝내고 평화의 시대를 앞당기는 제자들의 평화 만들기는 세상의 본질을 바꾸는 것이다. 기존의 틀을 바꾸거나 기존의 본질을 바꾸는 것을 혁명이라고 한다. 소금과 빛의 비유는 제자들의 평화 만들기가 세상의 본질(폭력적 지배체제)을 바꾸는 혁명적 과업임을 나타낸다. 소금 비유가 "제자들의 정체성"에 관한 것이라면 빛 비유는 "제자들의 혁명성"에 관한 것이다. 제자들의 소금 같은 특유의 정체성이 빛처럼 기민하고 확실하게 세상에서 혁명을 완수하는 동력이 된다.

### 세상의 소금 마태복음 5:13

> "너희는 세상의 소금이니 소금이 만일 그 맛을 잃으면 무엇으로 짜게 하리요. 후에는 아무 쓸 데 없어 다만 밖에 버려져 사람에게 밟힐 뿐이니라." 마태복음 5:13

예수님은 제자들에게 "너희는 세상의 소금이다"라고 말씀하신다. "소금"은 제자들이 세상에서 간직해야 할 정체성을 말씀한 것이다. 소금 비유는 소금의 맛을 잃지 않는 것에 초점이 있다. 예루살렘 인근의 사해 주변에 소금과 유사한 물질이 있다. 모양과 색깔이 소금과 비슷하지만 그 맛이 짜지 않다. 소금이 특유의 짠맛을 지니고 있듯이 제자들이 예수님의 제자들로서 특유의 모습을 하고 있어야 한다. 그래야 세상에 영향을 줄 수 있다. 짠맛을 잃은 소금이 쓸모없듯이 정체성을 상실한 제자들은 세상에서 제 역할을 하기 어렵다. 소금이 짠맛을 지니고 있듯이 제자들이 그들의 신분에 걸맞는 정체성을 지니고 있어야 한다.

그러면 제자의 정체성이 무엇인가? 예수의 제자답다는 것이 무엇인가? 제자들은 예수님을 통해서 하나님과 하나님의 백성의 관계, 언약관계에 들어간다. 제자들은 하나님의 백성으로서 언약적 의무를 수행하기 위해 하나님에게 충성한다. 즉 사랑의 이중계명을 따라 하나님을 사랑하고 이웃을 사랑한다. 하나님 사랑과 이웃 사랑을 아우르는 신실과 인애가 제자들의 의이며 세상에 내어놓는 제자들의 정체성이다.

제자들은 신실하게 하나님을 대하고 신실하게 이웃을 대한다. 제자들의 신실은 하나님의 백성의 공동체를 보존하고 완성하려는 의지에 찬 사랑이다. 제자들은 하나님을 우주적 대가족의 가장으로 대한다. 제자들은 형제자매들을 포함한 이웃을 우주적인 대가족의 구성원들로 대한다. 하나님과 이웃을 신실하게 대하는 제자들의 의는 하나님의 백성들의 공동체를 견고하게 세상 가운데 세운다. 신실과 인애가 작동하는 하나님의 백성들의 공동체는 폭력적인 지배가 물러간 평화로운 공동체이다. 거기에 하늘로부터 내려온 평화(heavenly peace)가 있다. 거기에서는 피해자와 가해자도 약자와 빈자도 한 형제가 된다. 평화로운 하나님의 백성들의 공동체는 욕망과 경쟁과 폭력으로 지배하는 지배체제의 대안이 된다. 제자들의 공동체가 대안사회가 된다.

## 세상의 빛 마태복음 5:14-16

"너희는 세상의 빛이라 산 위에 있는 동네가 숨겨지지 못할 것이요 사람이 등불을 켜서 말 아래에 두지 아니하고 등경 위에 두나니 이러므로 집 안 모든 사람에게 비치느니라. 이같이 너희 빛이 사람 앞에 비치게 하여 그들로 너희 착한 행실을 보고 하늘에 계신 너희 아버지께 영광을 돌리게 하라." 마태복음 5:14-16

제자들의 의, 곧 신실과 인애는 예수님을 따르면서 형성된 것이고 하나님의 의를 반영하는 것이기에 그 자체로 세상의 빛이 된다. 하나님에게서 비롯되고 예수님에게서 받은 것만이 세상의 빛이 된다. 이제 제자들 개개인 안에 있고 제자 공동체 안에 있는 의가 세상을 밝히는 빛이 된다. 제자들은 빛의 역할을 어떻게 할까 고민하지 않아도 된다. 그들의 의를 행실로 드러내기만 하면 된다. 의가 담겨있는 행실이 바로 "착한 행실"이다(16). 제자들이 그들의 의, 곧 신실과 인애를 착한 행실로 환하게 드러낼 때 그들이 속한 공동체에 하늘의 평화가 임하고 그러한 공동체가 섬기는 사회에 평화가 깃든다.

착한 행실(good works)이란 표현에는 명예로운 행실(honorable works)이란 뜻이 담겨있다. 하나님의 의를 반영하는 제자들의 의가 명예롭고, 그 의를 담은 행실이 명예롭다. 제자들이 착한 행실로 신실과 인애를 사람들에게 환하게 드러낼 때 하나님이 사람들로부터 영광을 받으신다(16하). 즉 하나님이 명예롭게 되신다. 하나님의 의를 반영하는 제자들의 착한 행실은 마치 하늘을 담고 흐르는 개울과 같다. 제자들의 착한 행실이 하나님의 영광을 드러낸다.

자크 엘룰(Jacques Ellul)은 세상의 본질을 바꾸는 기독교의 혁명은 말씀준행으로 하는 것이라고 했다. 프랜시스 쉐이퍼는(Francis Schaeffer) 사회를 변혁하는 기독교의 혁명은 총과 칼이 아닌 자비로 하는 것이라고 했다. 세상에서 제자들이 그들의 의를 효과적으로 발현하는 방법들을 말한 것이다.

하비 콕스(Harvey Cox)는 소금과 빛을 성자-혁명가(saint-revolutionary)로 이해했다. 제자들은 세상의 소금으로서 성자들(의의 담지자)이며 세상의 빛으로서 혁명가들(착한 행실자)이다. 제자들은 신실하게 하나님나라와 하나님의 의를 추구하는 성자들이자 자비를 베풀어 세상에 평화를 가져오는 혁명가들이다. 예수님은 제자들이 세상의 소금과 빛으로서 평화의 시대를 앞당기는 명예로운 자들이라고 그들을 크게 격려하신다.

> "그들은 어질고 자비롭고 의로운 사람들이라, 어둠 속의 빛처럼, 정직한 사람을 비춘다." 시편 112:4, 공동번역

# 3
## 더 나은 의

**마태복음 5:17-20**

¹⁷ 내가 율법이나 선지자를 폐하러 온 줄로 생각하지 말라
  폐하러 온 것이 아니요 완전하게 하려 함이라
¹⁸ 진실로 너희에게 이르노니 천지가 없어지기 전에는
  율법의 일점일획도 결코 없어지지 아니하고 다 이루리라
¹⁹ 그러므로 누구든지 이 계명 중의 지극히 작은 것 하나라도 버리고
  또 그같이 사람을 가르치는 자는
  천국에서 지극히 작다 일컬음을 받을 것이요
  누구든지 이를 행하며 가르치는 자는
  천국에서 크다 일컬음을 받으리라
²⁰ 내가 너희에게 이르노니
  너희 의가 서기관과 바리새인보다 더 낫지 못하면
  결코 천국에 들어가지 못하리라

마태복음 5:17-20은 중요한 구절이다. 여기에 산상수훈의 주제가 나타난다. 그리고 5:17의 "율법과 선지자들"이 7:12의 "율법과 선지자들"과 함께 괄호처럼 에워싸는 형태로 마태복음 5:17-7:12이 산상수훈의 본문임을 지시한다.

예수님은 제자들에게 "율법과 선지자들"을 무게 있게 대하도록 말씀하시며(17-18), 계명들을 준행하여 당시의 종교지도자들이 지닌 의보다 더 나은 의를 지니도록 명령하신다(19-20). "율법과 선지자들"은 유대인의 성경인 토라를 뜻하며, 오늘의 그리스도인들에게는 구약성경에 해당한다.

### 율법을 성취하신 예수님 마태복음 5:17-18

"내가 율법이나 선지자를 폐하러 온 줄로 생각하지 말라 폐하러 온 것이 아니요 완전하게 하려 함이라." 마태복음 5:17

17절의 "완전하게 하다"라는 헬라어 동사($\pi\lambda\eta\rho\acute{o}\omega$, 플레로오)는 "가득 채우다, to make full"라는 뜻과 "성취하다, to fulfil"라는 뜻을 함께 지니고 있다. "가득 채우다"라는 의미로 "완전하게 하다"를 이해하면 예수님이 구약의 내용이나 구약의 정신의 부족한 면을 채우는 것으로 해석하게 된다. 반면 "성취하다"는 의미로 "완전하게 하다"를 이해하면 예수님에 관해 구약에 예언되어 있는 내용들을 예수님이 이제 성취하는 것으로 해석하게 된다. 한글성경에는 "완전하게 하다"로 번역되어 있고, NRSV 영어성경에는 "성취하다, to fulfil"로 번역되어 있다. 뒤이은 18-19절에서 율법의 중요성을 부각시키고 있다. 17절을 예수님이 율법의 부족함을 채우는 것으로 이해하면 율법의 중요성을 부각시키는 일련의 흐름에 일관성이 깨진다. 그러나 17절을 예수님이 율법에 예언된 내용을 성취하는 것으로 이해하면 과거로부터 먼 미래까지 율법의 실효성이 지속됨을 일관성 있게 드러내게 된다. 그리고 17절에서 율법과 선지자들(예언서들)이 병기된 것은 율법에 들어있는 예언적 기능을 지시하는 것이며(마 11:13), 율법의 실효성을 지지하는 것이 된다.

예수님은 구약에 예언된 데로 새 언약으로 하나님의 백성들을 일으키기 위해 오셨고 이제 그것을 성취하려 하신다. 그리고 18절에서 강조해서 말씀하기를 천지(일시적인 이 세상)가 사라지기 전까지 율법에 기록된 언약에 관한 내용들(하나님나라의 도래와 하나님의 백성들의 일어남)이 반드시 성취될 것이라고 하신다.

### 계명을 준행하는 제자들 마태복음 5:19-20

19절에서 예수님은 율법이란 단어 대신 계명이란 단어를 쓰신다. 십계명이 대표계명이라 할 수 있다. 계명은 언약적 의무를 담고 있는 것으로서 하나님의 백성들이 준행해야 할 명시적 말씀이다. 계명은 행하도록("행하며 가르치는 자", 19하) 주어진 것이고 무엇을 행해야 할지를 명확하게 제시한다. 제자들이 계명을 준행할 때 그들의 의가 형성된다. 그리고 제자들이 계명을 준행하는 실존적 시간에 비례해서 그들의 의가 형성된다. 계명준행 여부에 따라 의의 내용이 결정되고 그 의의 내용에 따라 천국에서 큰 자와 지극히 작은 자가 결정된다. 큰 자는 더 나은 의를 지닌 자이고 큰 명예를 얻는다. 20절에서 예수님은 제자들의 의가 종교 지도자들의 의보다 훨씬 나아야 한다고 말씀하신다.

예수님이 요청하시는 제자들의 "더 나은 의"가 무엇"인가? 제4복에 언급된 "의"에 이어 다시 한 번 살펴보도록 하자. 계명준행과 "더 나은 의"가 어떤 연관이 있는가? "더 나은 의"가 없으면 천국에 들어가지 못한다는 것이 뜻하는 바가 무엇인가?

– 제자들의 "더 나은 의"가 무엇"인가?

라이트(N. T. Wright)는 "더 나은 의"(exceeding righteousness)를 하나님의 백성들의 언약적 의무들(covenantal obligations of God's people)이라고 말한다. "의"란 언약관계에서 두 당사자들이 서로를 충성스럽게 보살피는 행실을 뜻한다. 언약의 파트너로서 하나님은 언약적 의무를 다하기 위해 자기 백성들에게 충성하신다. 성경에서 하나님의 충성을 신실과 인애라는 용어로 묘사한다. 신실은 언약관계를 유지하려는 의지에 찬 사랑이다. 인애는 신실이 행동화된 것으로서 하나님이 자기 백성들을 섬세하게 보살피는 것(인도하고 공급하고 보호하는 것)이다. 신실과 인애는 하나님이 자기 백성을 충성스럽게 보살필 때 드러나는 하나님의 의이다.

언약의 파트너로서 하나님의 백성들은 언약적 의무를 다하기 위해 하나님께 충성한다. 충성을 신실(faithfulness)이라고 하고 믿음(faith, 의지하고 순종함)이라고도 한다. 그리고 하나님의 백성들은 언약으로 결성된 하나님의 백성들의 공동체에서 구성원들 서로를 충성스럽게 대한다. 이 충성 또한 신실이라고 한다. 인애는 신실에 따라온다. 제자들의 하나님과 이웃을 향한 신실과 인애는 언약적 의무를 다하는 가운데 형성된 의이다. 제자들의 "더 나은 의"는 언약관계에서 형성된 의이다. 그리고 제자들의 "더 나은 의"는 제자들이 신실과 인애를 형상화한 선한 목자(충성스러운 왕) 예수님을 따르면서 온 몸으로 체득한 의이기도 하다.

- 계명준행과 "더 나은 의"가 어떤 연관이 있는가?

계명은 언약 안에서 주어진다. 하나님은 자기 백성들이 언약적 의무를 다하도록 하나님을 사랑하고 이웃을 사랑하라는 이중계명을 주셨다. 사랑의 이중계명은 언약적 의무를 담고 있는 명시적 말씀이기에 준행을 전제로 한다. 하나님의 백성들이 사랑의 이중계명을 준행하여 언약적 의무를 수행할 때 본회퍼의 표현처럼 하나님의 현실, 곧 하나님으로부터 온 실체가 그들에게 만들어진다. 그것이 하나님의 백성들의 "의"이며, 본문에 언급된 제자들의 "더 나은 의"이다. 그것은 하나님을 향한 충성이며 곧 신실이다.

예수님이 계명준행과 의와의 연관성을 요한복음에서 말씀하셨다. "내가 아버지의 계명을 지켜 그의 사랑 안에 거하는 것 같이 너희도 내 계명을 지키면 내 사랑 안에 거하리라"(요 15:10). 제자들이 예수님이 명하신 계명을 준행할 때 그 분의 사랑 안에 거하게 된다. "거한다"(abide in, μένω)는 것은 "장소, 상황, 관계 속에 머무는 것"을 뜻한다. 제자들이 예수님의 계명을 준행할 때 예수님의 사랑이 작동하는 관계 또는 시간과 공간 속으로 들어가게 된다. 그리고 거기서 언약의 사랑, 신실과 인애를 누리면서 그것을 그들의 의로 만든다.

그리고 제자들이 계명을 준행할 뿐만 아니라 계명을 가르칠 수 있어야 한다. "누구든지 이를(계명들을) '행하며 가르치는 자'는 천국에서 크다 일컬음을 받으리라"(마 5:19하). 제자들이 계명들을 가르치는 것은 예수님처럼 계명준행의 본을 보이는 것이다. 본을 보이면서 원리를 가르치는 것처럼 효과적인 가르침이 없을 것이다. 예수님은 주(主)로서 계명을 주시고 스승으로서 계명준행의 본을 보이신다(요 13장). 제자들도 스승의 길을 따라야 한다. 계명준행의 본을 보이는 것은 그렇게 살지 않으면 불가능하다. 본을 보이는 것은 계명준행으로 형성된 의를 드러내는 것이다. 본을 보이는 것은 공허하게 말로 가르치는 것과는 비교되지 않는다. 제자들이 사랑의 이중계명을 준행할 뿐만 아니라 제자 공동체 내에서 조용하게 본으로 드러낼 때 그 영향은 지대하다. 제자 공동체에서 계명준행의 본을 보이며 계명의 원리를 형제들과 이웃에게 가르치는 제자는 천국에서 큰 자라고 불리는(to be called great) 명예를 얻는다(19).

언약적 의무를 다하기 위한 계명준행은 무거운 마음이 아닌 즐거운 마음으로 하는 것이다. 시편 1편의 복있는 사람은 계명준행을 마지 못해 하는 사람(legalist)이 아니라 계명준행을 즐거움으로 하는 사람(lawist)이다. 그는 하나님의 율법을 즐거워하며 그 율법을 주야로 묵상한다. 그리고 그 율법을 준행한다. 그는 시냇가에 뿌리내린 나무처럼 하나님에게 깊이 뿌리내린다. 그는 그 사랑의 관계에서 시절마다 아름다운 열매들을 맺는다. 시편의 복있는 사람처럼 사랑의 이중계명을 준행하여 더 나은 의를 지닌 제자들은 천국에서 큰 자라고 불리는 명예를 얻는다.

- "더 나은 의"가 없으면 천국에 들어가지 못한다는 것이 무엇을 뜻하는가?

20절에서 예수님은 제자들에게 그들의 의가 종교 지도자들인 율법학자들과 바리새인들의 의보다 더 낫지 않으면 "결코" 천국에 들어가지 못할 것이라고 말씀하신다. 제자들의 의가 종교 지도자들의 의와는 질적으로 다르다는 것을 강조하는 말씀일 것이다. 라이트(N. T. Wright)의 말처럼 제자들의 "의"는 언약 구성원 신분(covenant membership)과 관련이 있다. 언약으로 하나님의 백성이 된 제자들은 언약적 의무를 충실하게 수행하면서 그들이 하나님의 백성임을 드러내야 한다. 하나님이 자기 백성에게 충성하시듯이 제자들도 하나님에게 충성해야 한다. 즉 제자들은 사랑의 이중계명을 준행하면서 하나님을 사랑하고 이웃을 사랑해야 한다.

제자들은 충성스러운 왕이신 선한 목자 예수님의 섬김을 받고 그 분의 양무리(하나님의 백성)가 되었다. 제자들은 주님이자 스승인 예수님을 본받아 충성스러워야 한다. 제자들은 선한 목자 예수님을 따르면서 온 몸으로 그 분의 충성스러움을 체득한다. 제자들은 충성스러운 사람들이고, 그들의 의는 충성이다. 제자들은 그들의 충성스러움을 스승인 예수님의 수준으로 나타내도록 노력해야 한다. 언약적 의무를 따라 하나님을 사랑하고 이웃을 사랑하는 그들의 충성이 신실하게, 성실하게, 진실하게 드러낼 수 있어야 한다. 뒤이은 본문에서 예수님에 의해 언급된 율법학자들과 바리새인들의 충성은 순도와 밀도에서 현저하게 저하되어 있다. 예수님은 제자들이 종교지도자들보다 "더 나은 의"(탁월한 충성)를 드러내도록 독려하신다. 탁월한 스승이 탁월한 제자들이 되도록 조련하신다.

오늘날의 제자들도 이 예수님의 독려를 받고 있다. 하나님의 백성다움을, 예수님의 제자다움을 그들의 "더 나은 의"(탁월한 충성)로 증명해야 한다. 하나님 사랑과 이웃 사랑을 아우르는 신실과 인애가 그들의 언행심사를 통해서 환하게 드러낼 수 있어야 한다.

이어지는 마태복음 5:21-7:12에서 제자들의 "더 나은 의"가 그들의 삶의 자리인 공동체와 사회에서 어떤 모습으로 나타나야 하는지(또는 어떤 행실로 나타나야 하는지) 살펴보도록 하자.

# 4

# 제자의 의를
# 이루기 위한
# 계명준행

**마태복음 5:21-48 (율법학자들보다 나은 의)**

21 옛 사람에게 말한 바 살인하지 말라 누구든지 살인하면
심판을 받게 되리라 하였다는 것을 너희가 들었으나
22 나는 너희에게 이르노니 형제에게 노하는 자마다 심판을 받게 되고
형제를 대하여 라가라 하는 자는 공회에 잡혀가게 되고
미련한 놈이라 하는 자는 지옥 불에 들어가게 되리라
23 그러므로 예물을 제단에 드리려다가 거기서 네 형제에게
원망들을 만한 일이 있는 것이 생각나거든
24 예물을 제단 앞에 두고 먼저 가서 형제와 화목하고
그 후에 와서 예물을 드리라
25 너를 고발하는 자와 함께 길에 있을 때에 급히 사화하라
그 고발하는 자가 너를 재판관에게 내어 주고
재판관이 옥리에게 내어 주어 옥에 가둘까 염려하라
26 진실로 네게 이르노니 네가 한 푼이라도 남김이 없이 다 갚기 전에는
결코 거기서 나오지 못하리라
27 또 간음하지 말라 하였다는 것을 너희가 들었으나
28 나는 너희에게 이르노니 음욕을 품고 여자를 보는 자마다
마음에 이미 간음하였느니라
29 만일 네 오른 눈이 너로 실족하게 하거든 빼어 내버리라
네 백체 중 하나가 없어지고 온 몸이 지옥에 던져지지 않는 것이 유익하며
30 또한 만일 네 오른손이 너로 실족하게 하거든 찍어 내버리라
네 백체 중 하나가 없어지고 온 몸이 지옥에 던져지지 않는 것이 유익하니라
31 또 일렀으되 누구든지 아내를 버리려거든
이혼 증서를 줄 것이라 하였으나
32 나는 너희에게 이르노니 누구든지 음행한 이유 없이 아내를 버리면
이는 그로 간음하게 함이요
또 누구든지 버림받은 여자에게 장가 드는 자도 간음함이니라
33 또 옛 사람에게 말한 바 헛맹세를 하지 말고
네 맹세한 것을 주께 지키라 하였다는 것을 너희가 들었으나
34 나는 너희에게 이르노니 도무지 맹세하지 말지니
하늘로도 하지 말라 이는 하나님의 보좌임이요
35 땅으로도 하지 말라 이는 하나님의 발등상임이요
예루살렘으로도 하지 말라 이는 큰 임금의 성임이요

36 네 머리로도 하지 말라

   이는 네가 한 터럭도 희고 검게 할 수 없음이라
37 오직 너희 말은 옳다 옳다, 아니라 아니라 하라

   이에서 지나는 것은 악으로부터 나느니라
38 또 눈은 눈으로, 이는 이로 갚으라 하였다는 것을

   너희가 들었으나
39 나는 너희에게 이르노니 악한 자를 대적하지 말라

   누구든지 네 오른편 뺨을 치거든 왼편도 돌려 대며
40 또 너를 고발하여 속옷을 가지고자 하는 자에게

   겉옷까지도 가지게 하며
41 또 누구든지 너로 억지로 오 리를 가게 하거든

   그 사람과 십 리를 동행하고
42 네게 구하는 자에게 주며

   네게 꾸고자 하는 자에게 거절하지 말라
43 또 네 이웃을 사랑하고

   네 원수를 미워하라 하였다는 것을 너희가 들었으나
44 나는 너희에게 이르노니 너희 원수를 사랑하며

   너희를 박해하는 자를 위하여 기도하라
45 이같이 한즉 하늘에 계신 너희 아버지의 아들이 되리니

   이는 하나님이 그 해를 악인과 선인에게 비추시며

   비를 의로운 자와 불의한 자에게 내려주심이라
46 너희가 너희를 사랑하는 자를 사랑하면 무슨 상이 있으리요

   세리도 이같이 아니하느냐
47 또 너희가 너희 형제에게만 문안하면

   남보다 더하는 것이 무엇이냐

   이방인들도 이같이 아니하느냐
48 그러므로 하늘에 계신 너희 아버지의 온전하심과 같이

   너희도 온전하라

마태복음 5:21-48은 십계명 중에 이웃 사랑에 관한 다섯 계명들을 기반으로 해서 예수님이 제자들의 의가 당시 종교 지도자들의 의보다 더 나은 의임을 예시한 말씀이다. 제자들의 의, 즉 하나님을 향한 충성과 이웃을 향한 충성을 아우르는 신실과 인애가 세상의 불의와 맞부딪칠 때 어떤 스펙트럼으로 나타나는지를 보여준다. 그러면서 제자들이 십계명을 준행하여 "더 나은 의"를 육성하도록 돕는 말씀이기도 하다. 십계명의 의의에 대해 먼저 살펴보고 본문을 따라가 보도록 하자.

### 십계명의 의의

하나님은 모세를 통해 애굽에서 불러낸 해방된 노예들과 언약을 맺고 그들을 하나님의 백성들로 삼은 후에 십계명을 주셨다. 그들이 하나님의 백성들로서 언약적 의무를 수행하도록 십계명을 주신 것이다. 십계명은 도덕률의 형태를 하고 있지만 하나님을 사랑하고 이웃을 사랑하라는 사랑의 이중계명을 확대한 것이다. 하나님의 백성들이 하나님을 사랑하라는 계명인 십계명의 1-4 계명들을 준행할 때 하나님께 구별되어 바쳐진 거룩한 백성들의 공동체를 이루게 된다. 그리고 하나님의 백성이 이웃을 사랑하라는 계명인 십계명의 5-9 계명들을 준행할 때 견고하게 결속된 평화로운 공동체를 이루게 된다. 십계명은 애굽의 파라오의 폭력적인 지배체제에서는 누릴 수 없었던 평화가 하나님의 백성들의 공동체에 자리 잡도록 돕는다.

십계명 중에 이웃 사랑에 관한 5-9 계명들은 도덕률의 형태를 한 사랑의 법이자 정의의 법이다. 이웃 사랑에 관한 계명들은 공동체 구성원들의 연약함을 돕는 사랑의 법이면서 그들의 죄성을 제어하는 정의의 법이다. 제자들이 이웃 사랑에 관한 계명들을 준행할 때 정의 없는 사랑이나 사랑 없는 정의에 경도되지 않고 정의로운 사랑을 베풀게 된다. 그 결과 공동체에 평화가 깃들게 된다. 정의로운 사랑은 신실과 인애에 속하는 의이다.

마태복음 5:21-48에서 예수님은 제자들이 십계명 중에 이웃 사랑에 관한 계명들을 준행하면서 얻는 의, 즉 정의로운 사랑으로 평화로운 공동체를 이루도록 교훈하신다. 이 지점에서 제자들의 의가 율법학자들의 의를 넘어선다. 율법학자들은 거룩예법과 정결예법이라는 율법의 울타리를 세워놓고 울타리를 넘어가는 자들을 죄인이라고 단죄하고 공동체 밖으로 밀어냈다. 그들은 하나님의 백성들을 의인들과 죄인들로 구분하는 배타적인 의를 지니고 있었다. 율법학자들은 이웃사랑의 계명을 준행하지 않은 것이다. 그들의 의에 이웃을 향한 충성이 확인되지 않는다.

제자들은 신실과 인애가 바탕이 된 정의로운 사랑으로 평화로운 하나님의 백성들의 공동체를 이룬다. 제자들이 그들의 의를 드러내어 이루는 평화로운 공동체의 모습들을 살펴보자.

### 제6계명 준행에서 얻는 의 마태복음 5:21-26

예수님은 제6계명 "살인하지 말라"는 "인명존중"의 계명을 제자들이 준행할 때 얻게 될 의에 대해 말씀한다.

> "옛 사람에게 말한 바 살인하지 말라 누구든지 살인하면 심판을 받게 되리라 하였다는 것을 너희가 들었으나 나는 너희에게 이르노니 형제에게 노하는 자마다 심판을 받게 되고 형제를 대하여 라가라 하는 자는 공회에 잡혀가게 되고 미련한 놈이라 하는 자는 지옥 불에 들어가게 되리라." 마태복음 5:21-22

예수님은 피를 흘리는 살해뿐만 아니라 형제를 미워하는 것(화내고 욕하는 것)도 살인이라고 규정한다. 미움은 타인을 나로부터 거칠게 밀어내는 것이다. 살인은 타인을 나로부터 철저하게 밀어내는 것이다. 살인은 타인이 내 앞에서 영원히 사라지도록 폭력을 사용해서 밀어내는 것이다. 예수님은 형제를 미워하는 것을 살인과 동급에 두신다. 정도만 다를 뿐이지 형제를 밀어내는 태도가 같기 때문이다.

예수님은 형제를 밀어내는 태도를 두 가지로 지적한다. 화냄과 욕함이다. 사람이 누구에게 화를 내는 것은 내가 옳고 네가 잘못 되었다고 여기기 때문이다. 분노는 타인을 잘못했다고 여기고 그를 밀어내는 것이다. 욕하는 것은 한 단계 더 나아간 미움이다. 욕으로 형제에게 타격을 주려는 것이다. 형제에게 하는 욕– 라가(멍청이, 미친놈), 미련한 놈(저주의 말) –은 예나 지금이나 크게 다르지 않은 것 같다. 형제에게 화를 내고 욕하는 것은 그를 나로부터 거칠게 밀어내는 행위이다.

미움이 불화와 분열을 조장하고 공동체의 평화를 해친다. 제자들의 의는 신실과 인애로 공동체를 결속하고 보존하는 것이다. 예수님이 십계명을 인용하신 것은 제자 공동체가 하나님 앞에서 거룩한 공동체가 되고 연합하고 결속된 평화로운 공동체를 이루도록 하기 위함이다. 제자들은 형제를 미워하기보다 신실과 인애의 의로 형제를 대한다. 제자들은 형제를 밀어내기보다 공동체의 일원으로 대한다. 제자들은 형제를 밀어내는 태도를 일체 가지지 않는다. 제자들은 형제가 약점과 허물을 드러낼 때도 그를 밀어내기보다 변함없이 공동체의 일원으로 대한다. 그리고 조건이 허락하면 그에게 가까이 다가가는 기회로 삼는다.

23-24절은 개별적인 신앙행위보다 공동체의 화목과 일치를 더 염두에 두라는 말씀이다.

> "그러므로 예물을 제단에 드리려다가 거기서 네 형제에게 원망들을 만한 일이 있는 것이 생각나거든 예물을 제단 앞에 두고 먼저 가서 형제와 화목하고 그 후에 와서 예물을 드리라." 마태복음 5:23-24

그리고 25-26절은 채무관계로 인해 미움(고발하고 투옥되는)이 생길 수 있기 때문에 채무변제를 확실히 하라는 것이다. 제자들은 채무관계로 인해 형제와 틈이 생기거나 형제를 잃거나 공동체의 평화를 해치지 말아야 한다.

> "너를 고발하는 자와 함께 길에 있을 때에 급히 사화하라 그 고발하는 자가 너를 재판관에게 내어 주고 재판관이 옥리에게 내어 주어 옥에 가둘까 염려하라. 진

> 실로 네게 이르노니 네가 한 푼이라도 남김이 없이 다
> 갚기 전에는 결코 거기서 나오지 못하리라." 마태복음
> 5:25-26

예수님은 제자들이 형제관계에서 미움이라는 세상의 질서(율법의 울타리를 세워 사회적인 죄인들을 만들어내던 율법학자들의 배타적인 태도이기도 하다)를 따르지 말고 신실과 인애의 의로 공동체의 화목과 일치를 도모하도록 교훈하신다.

### 제7계명 준행에서 얻는 의 마태복음 5:27-32

예수님은 제7계명 "간음하지 말라"는 "계약존중"의 계명을 제자들이 준행할 때 얻게 될 의에 대해 말씀한다. 간음은 결혼이라는 계약의 울타리를 넘어 울타리 밖에 있는 배우자가 아닌 이성과 성관계를 맺는 것이다. 간음으로 인해 가정에 분란이 생기고 공동체에 위기가 조성된다. 간음은 예나 지금이나 세속문화의 주류들 중의 하나이고 타락한 문화현상이다. 근래에 불륜을 권장하는 사회가 되었다.

예수님은 사람이 간음하는 이유를 음욕 때문이라고 말씀한다.

> "또 간음하지 말라 하였다는 것을 너희가 들었으나 나
> 는 너희에게 이르노니 음욕을 품고 여자를 보는 자마
> 다 마음에 이미 간음하였느니라." 마태복음 5:27-28

음욕은 배우자 이외의 이성을 성적 에너지 분출의 대상으로 보는 것입니다. 스토트(John Stott)는 음욕을 이렇게 묘사했다. "방금 내 눈 앞에 지나간 이성을 고개를 돌려 쳐다보는 것이 음욕이다." 성은 건강의 표현이며 아름다운 것이다. 그러나 성적 에너지를 통제하지 못하면 배우자 이외의 이성을 넘보는 음욕이 되고, 음욕이 간음을 낳고, 간음이 가정의 평화를 깨뜨린다. "음욕을 품고 여자를 보는 자마다 마음에 이미 간음하였느니라"는 말씀은 성적 에너지를 다스리라는 말씀이다. 성적 에너지를 다스리는 법이 29-30절에 기록되어 있다.

> "만일 네 오른 눈이 너로 실족하게 하거든 빼어 내버리라 네 백체 중 하나가 없어지고 온 몸이 지옥에 던져지지 않는 것이 유익하며 또한 만일 네 오른손이 너로 실족하게 하거든 찍어 내버리라 네 백체 중 하나가 없어지고 온 몸이 지옥에 던져지지 않는 것이 유익하니라."
> 마태복음 5:29-30

필자의 지인은 자기의 몸 한가운데에 있는 신체 일부를 잘라버리고 싶다고 한 적이 있다. 그러나 본문은 여성을 보고 음욕을 품지 않는 연습을 가혹하리만큼 하라는 것이다. 지금은 TV, 잡지, SNS, 사이버 공간 등 온갖 매체에서 성적 환상을 부추겨 상품을 파는 시대이다. 허다한 사람들이 음욕이라는 성적 에너지를 통제하지 못하고 성적 환상에 사로잡혀 허우적거린다. 색정문화가 폭력적으로 난무하는 시대에 음욕을 다스리는 것은 제자들의 치열한 영적투쟁이다.

제자들이 어떻게 음욕을 통제할 수 있을까? 결혼이라는 계약의 울타리 안에서 배우자와 성관계를 맺으며 성적 에너지를 조절하는 것을 정절(fidelity)이라고 한다. 정절은 계약을 존중하고 계약 당사자를 배려하는 것이다. 정절은 제자들의 의인 신실과 인애가 가정과 공동체에서 나타나는 모습이다. 신실은 계약 당사자에게 견고하게 결속되고자 하는 의지에 찬 사랑이다. 그리고 인애는 계약 당사자를 보살피고 배려하는 것이다. 제자들이 신실과 인애의 의를 간직하고 있기에 가정과 공동체에서 정절을 격조 있게 드러낼 수 있다. 제자들은 간음, 불륜, 애인이 대세인 시대에 정절을 가정에서 나타내고 공동체에서 확인되도록 해야 한다.

31-32절은 성적 환상에 사로잡혀 쉽게 이혼하던 당시의 관습을 제자들이 극복하도록 돕는 말씀이다.

> "또 일렀으되 누구든지 아내를 버리려거든 이혼 증서를 줄 것이라 하였으나 나는 너희에게 이르노니 누구든지 음행한 이유 없이 아내를 버리면 이는 그로 간음하게 함이요 또 누구든지 버림받은 여자에게 장가 드는 자도 간음함이니라." 마태복음 5:31-32

이혼은 결혼의 해체이고 계약의 파기이다. 이혼은 결혼이 죽었을 때 하는 마지막 선택이다. 예수님이 인정한 단 하나의 이혼사유는 배우자의 음행이다. 그러나 음행한 배우자를 용서하고 결혼을 유지할 수 있다면 그것은 비범한 것이다. 신실과 인애의 의를 지닌 제자들은 그 누구보다 결혼을 유지하고 가정을 지킬 수 있다. 그들이 계약 수호자들이니까. 그들이 계약수호의 의를 지니고 있으니까. 예수님은 제자들이 그들의 의를 드러내어 결혼으로 만들어진 가정이라는 계약 공동체를 견고하게 유지할 것을 교훈하신다.

### 제9계명 준행에서 얻는 의 마태복음 5:33-37

예수님은 제9계명 "네 이웃에 대하여 거짓 증언하지 말라"는 "진실성 존중"의 계명을 제자들이 준행할 때 얻게 될 의에 대해 말씀한다.

> "또 옛 사람에게 말한 바 헛맹세를 하지 말고 네 맹세한 것을 주께 지키라 하였다는 것을 너희가 들었으나 나는 너희에게 이르노니 도무지 맹세하지 말지니 하늘로도 하지 말라 이는 하나님의 보좌임이요 땅으로도 하지 말라 이는 하나님의 발등상임이요 예루살렘으로도 하지 말라 이는 큰 임금의 성임이요 네 머리로도 하지 말라 이는 네가 한 터럭도 희고 검게 할 수 없음이라 오직 너희 말은 옳다 옳다, 아니라 아니라 하라 이에서 지나는 것은 악으로부터 나느니라." 마태복음 5:33-37

고대 이스라엘 사회에서 하나님의 이름을 거론하며 맹세하는 것은 상거래에서 있었고, 거짓 증언하는 것은 법정에서 있었다. 예수님은 제자들에게 아예 맹세하지 말라고 말씀한다. 맹세하지 말라는 것은 진실한 척하지 말라는 것이다. 사람들은 자기 말의 신용을 보장하기 위해서 맹세한다. 맹세는 거짓을 전제로 한다. 맹세는 거짓을 포장하는 것이고 거짓말의 한 종류이다. 거짓말은 말의 내용보다 말하는 사람의 의도와 관계있다. 아무리 정확한 정보를 말한다 해도 남을 속이려는 의도를 가지고 말하면 거짓말이 된다. 말의 내용과 말의 의도가 일치해야 진실한 말이다.

고대 이스라엘인들은 "거짓 증언하지 말라"는 제9계명을 법정에서 거짓 진술하지 말라는 것으로 이해했다. 법정에서 피고인은 증인의 거짓 증언을 방어할 수 있는 변호인을 구할 수 없었기에 거짓 증언은 피고인에게 치명상이 되었다. "거짓 증언하지 말라"는 제9계명은 법정에서 거짓 증언을 금하는 것이며, 나아가 남을 속이는 것에 대한 하나님의 명백한 거부를 예증한 것이다. 37절에서 예수님은 거짓은 악한 자(the evil one)에게서 유래한 것이라고 지적한다. 모든 거짓은 사탄이 토해내는 음란행위이다(요 8:44). 거짓은 인간관계를 어지럽히고 공동체를 이간하고 파괴하는 사탄적 도구이다. 거짓의 반대편에 있는 진실성은 공동체 내에서 서로를 묶는 눈에 보이지 않는 끈이며 결속과 일치를 만들어내는 평화의 도구이다.

"거짓 증언하지 말라"는 계명은 진실성을 가르치는 계명이다. "거짓 증언하지 말라"는 계명은 속이는 것이 삶의 양식이 된 시대에 낯설게만 들린다. 수많은 자영업자들과 기업들이 세금보고를 허위로 해서 탈세를 한다. 의사들은 더 많은 수익을 얻기 위해 환자들에게 허위진단을 하거나 의료보험기관에 허위진료보고를 한다. 저명인사들의 학력변조가 드러나기도 한다. 그리스도인들조차 거짓말하는 것을 대수롭지 않게 여긴다. 거짓말하는 점에서 그리스도인들이나 세속인들이나 별반 다를 바가 없는 듯하다. 거짓이 삶의 양식이 된 시대에 그리스도인들도 똑같이 오염되어 있는 듯하다. "거짓말하지 말라는 계명"은 그리스도인들이 가장 지키지 않는 계명일 것이다. 그리스도들인이 살인하지 말라, 간음하지 말라, 도적질하지 말라는 계명들은 쉽게 범하지 않지만, 거짓말하지 말라는 계명은 쉽게 범한다. 제9계명은 거짓에 오염된 그리스도인들의 부끄러운 자화상을 직시하게 한다.

"맹세하지 말라", "거짓 증언하지 말라"고 부정적 어법으로 표현된 제9계명의 긍정적 측면은 진실을 말하라는 것이다. 진실성은 제자들의 됨됨이와 제자들의 말을 연결하는 곧은 선이다. 제자들은 진실을 말하기 전에 먼저 진실한 사람이어야 한다. 그런데 진실은 이미 제자들의 의에 들어있다. 구약성경에서 신실은 진실과 성실로도 번역된다. 계약 당사자에게 신실한 것은 그에게 진실하고 성실한 것을 포함한다.

제자들은 하나님의 백성들의 공동체에서 형제자매들을 진실로 대해야 한다. 예수님은 옳고 아닌 것에 대해 분명하게 진실을 말하라고 하신다. "오직 너희 말은 옳다 옳다, 아니라 아니라 하라. 이에서 지나는 것은 악(악한 자)으로부터 나느니라"(37). 파스칼(Blaise Pascal)은 "일생동안 정직한 사람을 서너 명 이상 만나기를 기대해서는 안된다"고 했다. 그만큼 거짓에 오염되지 않은 사람을 찾아보기 어렵다는 것이다. 제자들은 그 서너 명 안에 들 수 있어야 한다.

## 악한 자를 대적하지 말라 마태복음 5:38-42

"또 눈은 눈으로, 이는 이로 갚으라 하였다는 것을 너희가 들었으나 나는 너희에게 이르노니 악한 자를 대적하지 말라 누구든지 네 오른편 뺨을 치거든 왼편도 돌려 대며 또 너를 고발하여 속옷을 가지고자 하는 자에게 겉옷까지도 가지게 하며 또 누구든지 너로 억지로 오리를 가게 하거든 그 사람과 십리를 동행하고 네게 구하는 자에게 주며 네게 꾸고자 하는 자에게 거절하지 말라." 마태복음 5:38-42

본문에 대한 해석들이 여러 갈래이다. 본문의 요절에 해당하는 "악한 자를 대적하지 말라"(do not resist an evildoer, 39상)에 대한 몇 가지 해석들을 소개하면 다음과 같다. 제자들이 아예 악인에게 보복하지 말아야 한다(무저항). 제자들이 악인에게 저항하되 폭력을 쓰지 말아야 한다(비폭력 저항). 악을 선으로 이겨야 한다(무저항 또는 비폭력 저항). 악인에게 보복하지 않는 것은 악에 오염되지 않기 위함이다(악의 오염방지). 악을 악(보복)으로 갚지 않으므로 악이 계속 활약할 기회를 주지 말아야 한다(악의 재생 방지).

악은 사람의 생명을 해치는 모든 것으로 그 기원을 알 수 없는 신비로운 힘이다. 악은 사람이 만들어내기도 하고 예수님이 악한 자라고 부른 악령이 만들어내기도 한다. 악인과 악령이 만들어낸 악이 개인과 공동체를 파괴한다. 악이 개인을 망가뜨리고 공동체의 결속을 깨뜨리고 평화를 무너뜨린다.

악을 자행하는 악인을 처벌하고 공동체를 지키기 위해 고대근동지방에서 고안된 형벌법이 소위 탈리온의 법칙이라고 하는 "눈에는 눈, 이에는 이"의 동해복수법(同害復讐法)이다. 피해자가 당한 상해와 똑같은 크기의 상해로 가해자에게 보복해서 피해자의 명예를 지키고 정의를 회복하는 것이다. 동해복수법은 악 중에서도 의도적인 악을 징벌하는 법이다. 고대 함부라비 법전에서 의도적인 악에 대해서는 동해 복수법을 적용하고 있다. 고대 바벨로니아의 법과 구약성경의 계약법전에서는 비의도적인 악에 대해서는 돈으로 배상하도록 했다. 구약성경에서 동해복수법이 적용되었는지는 학자들 간에 이견이 있다. 대부분의 상해들의 경우에 돈으로 보상하는 배상의 법을 적용하고 있다. 동해 복수법은 보복으로 정의를 회복하기 위한 것이지만 과도한 폭력을 방지하기 위한 것이기도 하다.

예수님이 제자들에게 "악한 자를 대적하지 말라"고 말씀한 것은 악인의 악행에 대해 동해복수법을 따라 보복하지 말라는 것이다. 예수님은 제자들에게 악인에 대한 보복을 금지하신다. 제자들이 간직한 의, 신실과 인애에 보복이 들어있지 않음이 분명하다. 신실과 인애는 공동체를 결속시키는 사랑이다. 하나님을 사랑하고 이웃을 사랑하라는 이중계명으로 된 십계명은 공동체 결속을 위한 계명이다. 제자들이 십계명을 준행할 때 신실하게 하나님을 사랑하고 자애롭게 이웃을 사랑하게 된다. 도덕률의 형태를 하고 있는 이웃사랑의 계명(5-9계명)은 이웃의 연약함을 감싸는 사랑의 법이자 이웃의 죄성을 제어하는 정의의 법이다. 이웃사랑은 이웃의 권리와 명예를 존중하는 경계 있는 사랑이다. 즉 정의로운 사랑이다.

누군가가 이웃이 지니고 있는 권리를 침해할 때(권리의 경계를 무너뜨릴 때) 그것이 악이 되고 그 결과 권리침해와 명예손상에 대한 정의의 문제가 생긴다. 악은 이웃의 경계를 침범하는 것이라고 할 수 있다. 예수님이 악인을 보복하지 말라고 하신 것은 그가 무너뜨린 경계를 정의의 잣대로 측량하기보다 그에게 자비의 손을 내밀라고(십리 동행, 겉옷 줌, 요청을 거절하지 않음) 하시는 듯하다. 제자들의 이웃사랑이 정의로운 사랑이지만 자비를 베풀라고 하시는 듯하다. 악으로 만난 관계를 자비로 만난 관계로 만들라고 하시는 듯하다. 뒤이은 문맥에서 악으로 만난 악연을 자비의 인연으로 만들라는 예수님의 교훈이 이어지기 때문이다. 빅토르 위고의 소설 레미제라블에서 장발장이 하룻밤을 묵은 신부 관저에서 은식기를 훔쳤다가 경찰에 붙잡혀왔을 때 미리엘 신부가 장발장을 대하는 태도가 좋은 예라고 여겨진다. 미리엘 신부는 장발장에게 이렇게 말한다. "당신이군요. 마침 잘 왔소. 왜 은촛대는 두고 가셨소. 내가 은식기와 함께 가져가라고 했잖소." 제자들이 악행을 당한 순간에 악인에게 자비를 드러내는 것은 결코 쉽지 않다. 비범한 행실임에 틀림없다. 그러나 제자들이 간직한 의가 신실과 인애이기에 제자들은 그들의 의를 따라 행동한다. 거기에 그들이 다 이해하지 못하는 신비로운 결과들이 만들어진다.

그러면 악한 자가 저지른 악행에 대해 정의실현은 포기하는 것인가? 악이 개인의 차원을 넘어 집단적인 악, 거대악, 구조적인 악이 되었을 때 제자들은 어떻게 처신해야 하는가? 그때 정의의 이름으로 징벌을 가해야 하지 않는가? 그때 정당한 전쟁을 일으켜도 되지 않는가? 악한 자가(또는 악한 자들이) 공동체 내에 세워진 경계를 무너뜨린 것에 대해서는 경계를 지키도록 교정을 받아야 할 것이다. 그러나 제자들은 개인이나 집단이 저지른 악행에 대해 등가의 처벌을 가하는 응보적 정의나 교환적 정의를 추구하기보다 공동체의 회복과 결속을 위해서 회복적 정의를 추구한다. 회복적 정의(restorative justice)는 가해자의 처벌보다는 공동체의 회복을 목표로 한다. 그래서 악인이나 가해 집단을 자비로 대하며, 가해자의 배상과 피해자의 용서를 도모한다. 가해자(가해집단)와 피해자(피해집단) 간의 배상에 대한 타협은 인내와 양보를 필요로 하는 긴 과정이 될 수 있다. 그 모든 과정이 무효가 되었을 때에도 보복이나 전쟁이란 이름보다는 자비와 평화라는 이름으로 거대 악의 문제를 처리하면 좋을 것이다. 응보적 정의에 바탕한 정당한 전쟁(just war) 이론에는 많은 문제점들이 발견되었다. 그래서 대안으로 제시된 것이 정의로운 평화 만들기(just peacemaking) 이론인데 회복적 정의에 바탕한 것이다. 그 내용을 간단히 소개하면 아래와 같다. 1998년에 미국종교학술원에서 발표된 것으로서 기독교 윤리학자 글랜 스테센(Glen Stassen)이 편집인이었다.

정의로운 평화 만들기
(부제: 전쟁폐기를 위한 열 가지 실행수칙)
Peacemaking Initiatives
비폭력 정면 대응을 지원한다.
위협을 줄이기 위한 개별적인 조치들을 취한다.

협력적인 충돌 해결책을 사용한다.
갈등과 불의에 대한 책임을 인정하고 회개와 용서를 구한다.

Justice

민주주의와 인권과 종교의 자유를 신장시킨다.
정의롭고 지속 가능한 경제개발을 육성한다.

Love and Community

국제적인 기구에서 새롭게 부상하는 협력세력들과 일한다.
유엔을 강화하고 인권과 협력을 위한 국제적인 노력들을 강화한다.
공격적인 무기들과 무기 거래를 줄인다.
풀뿌리 평화 만들기 그룹들과 자선단체들을 격려한다.

## 너희 원수를 사랑하라 마태복음 5:43-48

"또 네 이웃을 사랑하고 네 원수를 미워하라 하였다는 것을 너희가 들었으나 나는 너희에게 이르노니 너희 원수를 사랑하며 너희를 박해하는 자를 위하여 기도하라 이같이 한즉 하늘에 계신 너희 아버지의 아들이 되리니 이는 하나님이 그 해를 악인과 선인에게 비추시며 비를 의로운 자와 불의한 자에게 내려주심이라 너희가 너희를 사랑하는 자를 사랑하면 무슨 상이 있으리요 세리도 이같이 아니하느냐 또 너희가 너희 형제에게만 문안하면 남보다 더하는 것이 무엇이냐 이방인들도 이같이 아니하느냐 그러므로 하늘에 계신 너희 아버지의 온전하심과 같이 너희도 온전하라." 마태복음 5:43-48

본문은 제자들의 의가 어디까지 뻗어가야 하는지 그 끝을 보여준다. 제자들의 의의 비범성을 보여준다. 이웃 사랑의 끝이 어디인지를 보여준다. 그것은 원수를 사랑하는 것이다. 원수는 이웃들 가운데서도 나온다. 이웃 사랑은 원수 사랑이기도 하다. 원수는 이웃들에게서도 나오지만 이웃들 밖에서 더 많이 생긴다. 예수님은 로마의 압제와 부재 지주들의 강탈에 시달리면서, 가정이 파괴당하고 배우자와 자녀들을 약탈당하고 인권을 유린당한 수많은 이들에게, 특별히 그의 제자들에게 "너희 원수를 사랑하라"고 요청했다. "또 네 이웃을 사랑하고 네 원수를 미워하라 하였다는 것을 너희가 들었으나 나는 너희에게 이르노니 너희 원수를 사랑하며 너희를 박해하는 자를 위하여 기도하라"(44-45). "너희 원수를 사랑하라"는 요청은 현실을 모르는 천진난만한 이상주의자의 발언이거나 아니면 세상을 뒤엎는 혁명가의 발언이거나, 둘 중의 하나일 것이다.

원수를 사랑하라는 예수님의 요청은 악으로 맺어진 관계를 사랑으로 맺어진 관계로 만들라는 것이다. 원수는 사랑이 있어야 할 자리에 악이 들어와서 만들어진 인간관계이다. 원수는 악연으로 만난 사람이다. 원수는 내게 있는 소중한 것을 강탈하고, 소중한 사람을 망가뜨리고, 소중한 가정을 파괴하고, 나의 현재와 미래를 망가뜨린 자이다. 예수님이 유일하게 원수라고 부른 대상이 있다. 마귀를 원수라고 불렀고, 악을 자행하는 자들을 악한 자의 아들들이라고 불렀다(마 13:25-30, 36-43).

악과 고난으로 뒤틀린 세상을 사노라면 원수가 생긴다. 철천지원수(徹天之怨讐, 하늘에 사무치도록 한이 맺히게 한 원수), 불구대천지원수(不俱戴天之怨讐, 하늘을 함께 이지 못한다는 뜻으로, 이 세상에서 같이 살 수 없을 만큼 큰 원한을 가지게 한 원수)란 표현들처럼 원수는 한(恨, 응어리진 마음)을 만들어내는 자이다. 원수가 만들어낸 한에서 벗어나고자 몸부림치지만 잘 되지 않는다. 원수에게서 벗어날 수 있는 길이 무엇인가? 원수로 인해 마음에 응어리진 한을 풀어낼 수 있는 길이 무엇인가? 어떻게 원수를 사랑할 수 있는가? 어떻게 그럴 수 있는가?

원수를 사랑할 수 있는 길 두 가지를 본문이 교훈한다. 첫째, 나에게 악을 자행한 원수를 악에게 침식당한 병든 피조물로 여길 때 원수 사랑이 가능해진다. 원수는 나에게 악을 자행한 가해자이지만 악에게 침식당한 피해자이기도 하다. 벌레 먹은 사과가 쓴 물을 내듯이 원수가 악에게 침식당했기에 악을 만들어낸다. 원수를 악에 침식당한 병든 피조물로 인식할 때 그에 대한 새로운 태도가 가능해진다. 시간이 걸리겠지만 악에 침식당한 그를 불쌍히 여기게 되고 그가 악에서 해방되기를 바라게 된다.

원수를 사랑할 수 있는 두 번째 길은 하나님이 나의 원수를 자비로 대하시기 때문이다.

> "하나님께서는 악한 사람이나 선한 사람이나 똑같이 햇빛을 비춰 주시고 의로운 사람이나 불의한 사람이나 똑같이 비를 내려 주신다." 마태복음 5:45중, 우리말 성경

해와 비는 하나님의 자비를 은유한 것이다. 하나님은 병든 피조물을 불쌍히 여기고 돌보시는 자비로우신 분이다. 하나님이 나의 원수가 저지른 악행에 대해서 도덕적인 심판만 한다면 그는 구원받을 길이 없을 것이다. 하나님이 나의 원수를 악에게 침식당한 병든 피조물로 보고 그에게 자비를 베푸시기에 그가 악에서 해방될 수 있다. 나의 원수가 하나님의 자비의 대상이기도 하다는 것을 받아들일 때 원수를 대하는 태도에 변화가 생긴다. 원수를 대하는 기준이 악이 되지 않고 자비가 된다. 악으로 맺어진 악연이 자비로 풀어지기 시작한다. 원수가 하나님의 자비를 덧입어 악에서 해방되기를 기도하게 된다. "너희를 박해하는 자를 위하여 기도하라"(44하). 나의 원수가 비록 원수의 모습으로 내 앞에 나타났지만 그는 하나님의 자비의 대상이기도 하다. 자비로우신 하나님은 나의 하나님이시기도 하지만 원수의 하나님이시기도 하다. 나를 포함한 지상의 모든 이들이 때로는 선인이 되기도 하고 때로는 악인이 되기도 하는 연약한 피조물들이며, 해방하고 고치시는 하나님의 자비를 필요로 하다. 하나님의 자비가 나타나지 않는다면 원한과 보복의 악순환이 지상에서 그치지 않을 것이다. 원수를 자비로 대한 비범한 예를 살펴보자.

1987년 11월 8일 주일 아침에 북아일랜드의 엔니스킬렌(Enniskillen)에 거주하는 고든 윌슨(Gordon Wilson)은 그의 딸 매리(Marie)를 시내에서 열리는 퍼레이드에 데리고 갔다. 고든과 그의 스무 살 난 딸 매리는 다가오는 영국 군인들과 경찰들의 행진을 벽돌담 옆에 서서 기다리고 있었다. 그때 IRA 테러리스트들이 장치해놓은 폭탄이 벽돌담 뒤에서 터졌고 담이 그들을 덮쳤다. 그 폭발로 인해 6명이 즉사하고 고든과 그의 딸은 무너진 벽돌담에 깔렸다. 고든은 어깨와 팔에 부상을 입었고 움직일 수 없었다. 그때 누군가 그의 손을 잡았다. 딸 매리였다. "아빠예요?" "그래 매리야, 너 괜찮니?" "네" 하고 매리가 대답했다. 그러나 곧 매리는 비명을 지르기 시작했다. 고든은 딸의 손을 붙잡고 괜찮냐고 재삼재사 물었고 그때마다 매리는 괜찮다고 말했다. 매리가 "아빠, 사랑해요" 하고 말했을 때 그것이 그녀의 마지막 말이었다. 4시간 후에 매리는 척추와 두뇌 손상으로 병원에서 죽었다. 그날 저녁에 BBC의 기자가 고든에게 인터뷰를 허락해달라고 요청했다. 고든 윌슨이 그날 벌어진 상황을 이야기한 후에 기자가 물었다. "당신은 폭탄을 터트린 자들을 어떻게 여기십니까?" "나는 그들에게 나쁜 의도를 가지고 있지 않습니다. 나는 그들에게 악심을 가지고 있지 않습니다. 내가 그들에 대해 험악하게 말한다고 해서 나의 딸 매리가 살아 돌아오지 않습니다. 나는 오늘 저녁과 그리고 매일 밤에 하나님이 그들을 용서해주시도록 기도할 것입니다." 하고 고든이 말했다. 몇 달 후에 많은 사람들이 고든에게 물었다. "그날 당신은 어떻게 그렇게 말할 수 있었나요?" 고든이 대답했다. "나는 상처를 받았습니다. 나는 사랑하는 딸을 잃었습니다. 그러나 나는 매리가 마지막으로 내게 했던 사랑의 말이 나를 사랑의 세계로 인도했습니다. 나는 하나님의 사랑을 느끼면서 그런 말을 할 수 있었습니다." 몇 년 후에 고든은 북아일랜드의 평화를 위해 힘쓰는 저명인사가 되었다. 매리의 마지막 사랑의 말이 그의 아버지로 하여금 원수를 사랑으로 대하게 했던 것처럼, 하나님의 사랑이 제자들로 하여금 그들의 원수를 사랑으로 대하게 한다.

원수를 사랑하는 것은 본성으로 되지 않는 비범한 태도이다. 그러나 제자들은 하늘 아버지의 자비를 의지해서 원수를 사랑할 수 있다. 원수사랑은 오늘을 사는 제자들의 표지가 되어야 한다. 모함과 사기와 범죄와 폭력과 테러로 얼룩진 오늘의 세상에서 수많은 원수들이 생겨나고 원수들에 대한 보복이 자행된다. 제자들은 원수를 사랑하는 비범한 행실로 악으로 얼룩진 세상에 하나님나라를 빛처럼 오게 한다.

> "그러므로 하늘에 계신 너희 아버지의 온전하심과 같이 너희도 온전하라." 마태복음 5:48

히브리어와 아람어에는 도덕적인 완전함을 표현하는 언어가 없다. 예수님이 사용하셨을 아람어 "온전하라"(be perfect)를 번역한 헬라어 "텔레이오스, τέλειος"는 어떤 사람이 지닌 "특성의 완전함"을 의미하기보다 그 특성을 "나타내어 적용하는 데 완전하라"는 의미로 쓰인다. 그러므로 48절은 하나님과 제자들의 도덕적인 완전함을 뜻하기보다 "하나님이 그 분의 의를 온전하게 드러내심 같이 너희도 너희의 의를 온전하게 드러내어라"로 풀이할 수 있을 것이다. 평행본문이라고 할 수 있는 누가복음 6:38에 다음과 같이 표현되어 있어, 48절의 온전함을 의를 온전히 드러내는 것으로 이해하게 한다.

"너희의 아버지가 자비로우신 것처럼 자비로워져라."
쉬운 성경

"Be merciful, just as your Father is merciful."
NRSV

　원수사랑은 사람의 본성을 따라 도덕적인 영역에서 되지 않고 하나님에게서 비롯된 의로만 가능해진다. 원수사랑은 제자들의 의가 타락한 세상에서 어디까지 미쳐야 하는지를 보여준다. 예수님은 제자들을 인간본성의 한계너머 도덕의 극한까지 끌어올리신다. 예수님은 제자들을 그 분이 간직한 의의 수준으로 끌어올리시려는 것 같다. 그 스승에 그 제자들로 만드시려는 듯하다. 제자들이 그 분이 걸어가는 길을 그대로 따르기를 바라시는 듯하다. 원수까지 사랑해야 하는 제자들은 이제 스승만 바라볼 수밖에 없다. 어디에도 다른 길이 보이지 않는다. 제자들은 선과 악의 세계에서 예수님과 더불어 신실과 인애의 가락에 맞추어 춤춘다.

　하나님에게서 비롯되고 계명준행으로 연단되는 제자들의 의는 그들의 공동체를 거룩하게 만든다. 거룩한 공동체는 타락한 세상에서 하나님께 단단하게 결속되고자 하나님에게로 정향된 공동체이다. 하나님께 신실한 공동체이다. 그리고 제자들의 의는 욕망과 경쟁과 폭력의 지배체제, 악과 고난으로 뒤틀린 세상에서 평화로운 공동체를 세운다. 악인들과 원수들까지 자비로 품어버리는 제자들은 본회퍼가 말했듯이 세상이 대항할 여력을 잃게 만드는 자들이다.

의로운 제자들을 통해 고난과 상처와 아픔이 응어리진 땅 곳곳에 작은 평화들이 만들어진다. 이 작은 평화들은 제자들의 의를 통해서 만들어졌기에 천국에서 온 평화들이다. 천국의 평화는 땅을 빼앗겨도 폭력으로 대응하지 않는 온유한 자들을 통해서 왔다. 천국의 평화는 악을 품어버리고 고난 속으로 걸어 들어가는 자비로운 자들을 통해서 왔다. 천국의 평화에는 빈부귀천, 지위고하의 지배가 없다. 천국의 평화에는 하나님을 사랑하고 이웃을 사랑하는 충성들이 있다. 거기에는 고락을 같이 하면서 눈빛만으로도 서로를 알고 세워주는 우정들이 있다. 그리고 거기에는 화려하지 않고 배부르지 않아도 항상 기뻐하고 만족해 하는 의로움들이 있다.

# 5

## 제자의 의를
## 이루기 위한
## 경건훈련

**마태복음 6:1-8, 16-18 (바리새인들보다 나은 의)**

1 사람에게 보이려고 그들 앞에서 너희 의를 행하지 않도록 주의하라
 그리하지 아니하면 하늘에 계신 너희 아버지께 상을 받지 못하느니라
2 그러므로 구제할 때에 외식하는 자가 사람에게서 영광을 받으려고
 회당과 거리에서 하는 것 같이 너희 앞에 나팔을 불지 말라
 진실로 너희에게 이르노니 그들은 자기 상을 이미 받았느니라
3 너는 구제할 때에 오른손이 하는 것을 왼손이 모르게 하여
4 네 구제함을 은밀하게 하라 은밀한 중에 보시는
 너의 아버지께서 갚으시리라
5 또 너희는 기도할 때에 외식하는 자와 같이 하지 말라
 그들은 사람에게 보이려고 회당과 큰 거리 어귀에 서서
 기도하기를 좋아하느니라 내가 진실로 너희에게 이르노니
 그들은 자기 상을 이미 받았느니라
6 너는 기도할 때에 네 골방에 들어가 문을 닫고
 은밀한 중에 계신 네 아버지께 기도하라
 은밀한 중에 보시는 네 아버지께서 갚으시리라
7 또 기도할 때에 이방인과 같이 중언부언하지 말라
 그들은 말을 많이 하여야 들으실 줄 생각하느니라
8 그러므로 그들을 본받지 말라
 구하기 전에 너희에게 있어야 할 것을
 하나님 너희 아버지께서 아시느니라

16 금식할 때에 너희는 외식하는 자들과 같이 슬픈 기색을 보이지 말라
 그들은 금식하는 것을 사람에게 보이려고 얼굴을 흉하게 하느니라
 내가 진실로 너희에게 이르노니 그들은 자기 상을 이미 받았느니라
17 너는 금식할 때에 머리에 기름을 바르고 얼굴을 씻으라
18 이는 금식하는 자로 사람에게 보이지 않고
 오직 은밀한 중에 계신 네 아버지께 보이게 하려 함이라
 은밀한 중에 보시는 네 아버지께서 갚으시리라

경건수련은 당시에 열정적인 평신도 신앙인들이었던 바리새인들의 종교적인 관습이었다. 여기에 구제, 기도, 금식이 포함된다. 경건(godliness)은 세속(worldliness)의 대척에 있다. 세속이 세상에 속하고자 하는 성향이나 세상으로의 움직임이라면 경건은 하나님을 추구하는 성향이나 하나님에게로 향하는 움직임이다. 세속의 결과 욕망과 경쟁과 폭력의 지배체제, 즉 불의의 세계로 들어가게 된다. 경건의 결과 하나님의 의의 세계로 들어가게 된다. 본문에서 예수님은 바리새인들의 경건수련이 외식적이라고 비판하신다. 그들의 경건에 하나님보다 사람이 전면에 드러나며 그들의 의에서 하나님을 향한 충성이 확인되지 않기 때문이다. 예수님은 바리새인들의 외식적인 경건수련을 타산지석으로 삼아 제자들이 경건수련을 통해 그들의 의를 단련하기를 원하신다.

### 구제를 통해 마태복음 6:2-4

금식이 경건의 시작이고 기도가 경건의 중심이라면 구제는 경건의 절정이다.

> "하나님 아버지 앞에서 정결하고 더러움이 없는 경건은
> 곧 고아와 과부를 그 환난 중에 돌보고 또 자기를 지켜
> 세속에 물들지 아니하는 그것이니라." 야고보서 1:27

경건이 세속에서 이탈하는 것과 구제로 구성되어있음을 보여주는 구절이다. 구제는 하나님의 자비를 물질과 봉사에 담아서 사회적인 약자들과 빈자들에게 나타내는 것이다.

"너는 구제할 때에 오른손이 하는 것을 왼손이 모르게 하여 네 구제함이 은밀하게 하라 은밀한 중에 보시는 너의 아버지께서 갚으시리라." 마태복음 6:3-4

오른손과 왼손에 대한 언급은 구제하는 손(almsgiving)이 하나님의 자비를 드러내는 연장이기 때문이다. 자비는 약자들과 빈자들에게 손을 내밀어 그들이 일어나도록 돕는 것이다. 그리스도인이 구제할 때 하나님의 자비가 드러난다. 구제는 자비로우신 하나님을 반영한다.

당시에 고아들과 과부들은 대표적인 사회적 약자들이었다. 오늘날에는 여기에 미혼모들도 포함될 것이다. 제자의 가정들이 미혼모들이 맡긴 아기들을 포함해서 영아들이나 고아들을 입양해서 돌볼 수 있다면 연약한 생명들을 구제하는 것이 될 것이다. 사회적 빈자들을 구제하는 것에 대해 데이비드 플랫(David Platt)은 다음과 같이 말한다. "가난한 이들을 도우려면 개인적인 관심과 지속적으로 책임져주는 수고와 장기적인 헌신이 있어야 한다. 형편이 어려운 이들에게 베푸는 일은 보조금을 나누어주는 차원을 넘어 삶을 나누는 작업이다. 가난한 이들을 돕는 것은 돈 몇 푼을 전해준다는 의미가 아니며 자기의 삶을 누군가에게 쏟아 붓는 훨씬, 훨씬 더 어려운 행위이다." 구제가 가난한 이들의 고난 속으로 들어가는 자비의 행위임을 묘사하고 있다.

요즘 상당수의 미국 교회들은 사회참여(social involvement)라는 표현을 쓰지 않고 자비사역(mercy ministry)이라는 표현을 쓴다. 자비사역이 인간의 행위보다 하나님의 자비를 드러내는 적절한 표현이기 때문일 것이다. 구제는 하나님의 자비를 반영하는 것으로서 경건의 절정이다. 한국인 그리스도인들이 교회성장에 대한 관심과 투자는 많지만 상대적으로 구제나 기부에 소홀하다는 지적이 한국 교계 안팎에서 늘 있어왔다. "구제에 소홀한 경건한 그리스도인들"이란 표현은 어폐이다. 그리스도인들은 경건할수록 자비롭다.

그리스도인들이 구제를 통해 하나님의 자비를 나타낸다면 사회 구석구석에 하나님나라를 환하고 따뜻하게 오게 할 수 있을 것이다.

### 기도를 통해 마태복음 6:5-8

기도는 경건의 중심이다. 기도는 제자들이 하나님의 의의 세계로 들어가는 행위이다. 제자들이 하나님의 보좌에 나아가 하나님의 보살핌을 받기 위해서 기도한다. 예수님은 두 가지로 경건하지 않은 기도를 지적하신다. 외식자들의 기도와 이방인들의 기도이다. 외식자들은 사람에게 보이려고 기도한다.

> "또 너희가 기도할 때에 외식하는 자와 같이 되지 말라. 그들은 사람에게 보이려고 회당과 큰 거리 어귀에 서서 기도하기를 좋아하느니라. 내가 진실로 너희에게 이르노니 그들은 자기 상을 이미 받았느니라." 마태복음 6:3-4

바리새인들은 하루에 세 번 기도했다. 시편을 낭독하거나 기도문들(아미다, 18개 기도문, 쉐마, 십계명 등)을 낭독하면서 기도했다. 예수님이 지적한 바리새인들의 외식적인 기도행위는 사람들이 많이 모이는 회당이나 사람들의 왕래가 잦은 길거리 모퉁이에서 시편이나 기도문을 낭독하는 것이었다.

예수님은 기도는 사람에게 보이려고 하는 것이 아니라 하나님을 향한 것이라고 말씀한다.

"너는 기도할 때에 네 골방에 들어가 문을 닫고 은밀한 중에 계신 네 아버지께 기도하라 은밀한 중에 보시는 네 아버지께서 갚으시리라." 마태복음 6:6

기도는 하나님 아버지, 즉 시혜자 하나님께 나아가 하나님의 신실한 보살핌을 받는 것이다. 또 하나의 경건하지 않은 기도가 이방인들의 기도이다. 이방인들은 기도할 때 중언부언한다(말을 많이 한다). 이방인들이 중언부언하는 기도는 많은 말로 신들을 감동시키거나 신들을 피곤하게 해서 자기들의 뜻을 이루려는 것이다. 중언부언하는 기도는 신들을 움직이려는 일종의 주문이다.

"또 기도할 때에 이방인과 같이 중언부언하지 말라 그들은 말을 많이 하여야 들으실 줄 생각하느니라." 마태복음 6:7

> "그러므로 그들을 본받지 말라 구하기 전에 너희에게
> 있어야 할 것을 하나님 너희 아버지께서 아시느니라."
> 마태복음 6:8

제자들이 기도할 때 중언부언하지 않아도 하나님은 그들의 필요를 알고 응답하신다. 기도라는 행위 자체가 하나님 아버지(시혜자)에게 도움을 구하는 수혜자의 태도이다. 제자들은 기도를 통해 하나님 아버지의 의의 세계로 들어가서 그것들을 선물로 받는다.

### 금식을 통해 마태복음 6:16-18

구제가 세상으로 들어가서 약자들과 빈자들을 돌보는 자비로서 경건의 절정이며, 기도가 하나님의 보좌로 나아가는 경건의 중심이라면, 금식은 세속에서 이탈하는 경건의 시작이다. 바리새인들은 관습적으로 한 주간에 두 번 금식했다. 로마의 압제 아래 있는 국난을 당해 슬픔을 표시하고 하나님의 구원을 앞당기기 위해서 였을 것이다. 본문에서 예수님이 언급한 외식적인 금식이 바리새인들의 정례적인 금식인지 아니면 개인적인 금식인지 확실하지 않다.

초대교회 당시에 금식은 악을 경험하거나 사회적인 재난을 당했을 때 슬픔과 괴로움을 표시하는 애통의식이었다. 금식은 너무 괴로워서 먹지 못하고 마시지 못하고 자지 못하는 상태에서 하나님의 도움을 구하는 겸허한 자세였다. 후대에 기독교계에서 금식은 세속에 휘둘리는 자아를 제어하는 행위로 실행되었고 지금까지 그런 전통 아래에 있다.

금식은 세속이 일으키는 욕망을 거부하는 것이기에 살아있는 죽음이라고 한다. 신앙수호를 위해 피 흘려 죽는 것을 붉은 순교라 하고 금식을 초록 순교라고 한다. 금식은 더 큰 생명을 얻기 위해 작은 생명을 포기하는 것이다.

애통의식으로서 금식이든 세속적인 욕망을 제어하기 위한 금식이든 세속에서 이탈해서 하나님에게로 향한다는 점에서 일치한다. 예수님은 금식이 세속에서 벗어나 하나님께 나아가는 움직임이기에 금식하고 있다는 표를 사람들에게 드러낼 필요가 없다고 말씀하신다.

> "너는 금식할 때에 머리에 기름을 바르고 얼굴을 씻으라. 이는 금식하는 자로 사람에게 보이지 않고 오직 은밀한 중에 계신 네 아버지께 보이게 하려 함이라 은밀한 중에 보시는 네 아버지께서 갚으시리라." 마태복음 6:17-18

제자들이 악과 고난을 경험하거나 세속의 욕망에 이끌릴 때가 있다. 그때 제자들은 세상 한복판에서 재난의 재를 뒤집어쓴 채 망연히 하나님을 바라본다. 그때 제자들은 너무나 비참하고 괴로워서 먹지 못하고 마시지 못하고 자지 못하면서 하나님께 나아간다. 금식은 심령이 가난한 자들의 태도이기도 하다. 하나님이 애통하는 자들을 위로하신다. 악과 고난과 욕망의 땅에서 천국의 의를 경험하게 하신다. 애통하던 자들이 긍휼히 여기는 자들이 되어 재난을 당한 이들과 연대한다.

마태복음 6:1-8, 16-18에서 예수님은 바리새인들의 외식적인 경건에 빗대어 제자들의 경건수련을 격려하신다. 제자들의 경건수련은 말씀 준행과 더불어 그들의 의를 연단하는 작업이다. 금식과 기도와 구제의 경건훈련은 반복적으로 꾸준하게 이루어져야 한다. 금을 불에 달구고 망치로 연단해서 정금을 빚듯이 제자들은 부단한 경건훈련을 통해 정금 같은 의를 갖추어야 한다. 경건훈련은 경건의 모양만 갖추는 정도가 아니라 경건의 능력이 나타나기 까지, "더 나은 의"가 정금처럼 드러나기까지 이루어져야 한다. 예수님은 "은밀한 중에 보시는 네 아버지께서 갚으시리라"고 말씀하신다(6하, 18하). 하나님이 경건에 정진하는 제자들에게 은혜를 베푸신다. 그 은혜는 다름 아닌 제자들이 "더 나은 의"를 누르게 되는 것이다. 하나님이 내리시는 은밀한 은혜는 경건의 정도에 따라 결정되며 제자 본인만 알고 누린다.

# 6

## 산상수훈의
## 핵으로서의
## 주기도문

**마태복음 6:9-15**

9 그러므로 너희는 이렇게 기도하라
 하늘에 계신 우리 아버지여 이름이 거룩히 여김을 받으시오며
10 나라가 임하시오며
 뜻이 하늘에서 이루어진 것 같이 땅에서도 이루어지이다
11 오늘 우리에게 일용할 양식을 주시옵고
12 우리가 우리에게 죄 지은 자를 사하여 준 것 같이
 우리 죄를 사하여 주시옵고
13 우리를 시험에 들게 하지 마시옵고 다만 악에서 구하시옵소서
 나라와 권세와 영광이 아버지께 영원히 있사옵나이다 아멘
14 너희가 사람의 잘못을 용서하면
 너희 하늘 아버지께서도 너희 잘못을 용서하시려니와
15 너희가 사람의 잘못을 용서하지 아니하면
 너희 아버지께서도 너희 잘못을 용서하지 아니하시리라

예수님이 왜 제자들에게 주기도문을 가르치셨을까? 기도가 경건의 중심이라면 주기도문은 제자들의 의를 연단하는 최적의 도구이다. 주기도문은 예수님이 제자들의 의를 연단하는 도구로 주신 것이다. 예수님이 당시에 가장 경건하다고 자부하던 바리새인들의 외식적인 경건과 그들의 의의 한계를 보면서 제자들의 의를 자라게 하고자 경건훈련의 도구로 마련한 것이 주기도문이다. "주기도문"은 "주님이 가르쳐주신 기도"라고 해야 바른 표현이다. 예수님이 이렇게 기도한 것이 아니라 제자들로 하여금 이렇게 기도하라고 가르친 것이다. 제자들이 주님이 가르쳐주신 기도를 드릴 때마다 그들의 중심이 경건해지고 그들의 의가 자라간다.

주님이 가르쳐주신 기도는 산상수훈의 정중앙에 위치해 있으면서 산상수훈의 주제인 "의"를 함양하는 법을 환하게 비춰준다. 마치 밤하늘의 북극성을 통해 방위를 정할 수 있듯이 제자들이 주기도문을 따라 기도할 때에 그들의 의가 방향을 잡고 꾸준히 자라간다. 제자들의 말씀 준행이 의의 내용을 결정한다면 주기도문 경건훈련은 의의 크기를 결정한다. 제자들의 의를 크게 신장하는 주기도문의 위력을 살펴보자.

주님이 가르쳐주신 기도는 크게 세 부분으로 이루어져 있다. "부름"과 두 가지의 "청원"과 "송영"(영광 돌림)이다. 부름은 "하늘에 계신 우리 아버지여" 하며 하나님을 찾는 것이다. 두 가지의 청원 중에 첫 번째 청원은 "당신" 청원으로서, 하나님의 이름이 거룩히 여김을 받게 해달라는 것이다. 두 번째 청원은 "우리" 청원으로서, 우리의 필요(일용할 양식, 죄사함, 악한 자에게서 보호)를 채워달라는 것이다. 그리고 송영이 뒤따른다. "나라와 권세와 영광이 아버지께 영원히 있사옵나이다." 하나님의 명예로우심을 인정하는 것이다.

### 부름 마태복음 6:9상

"하늘에 계신 우리 아버지여" 하고 부르는 것만으로 이미 충분한 기도이다. 제자들이 "하늘에 계신 우리 아버지여" 하고 하나님을 부를 때 이미 기도하고 있는 것이다. 하나님을 부르는 것은 그 분을 찾고 그 분을 의지하는 것이다. 하나님을 부르는 것은 하나님과 관계맺음에 들어가는 것이다. "아버지"는 시혜자(施惠者)를 의미하는 언약적 표현이다. "우리 아버지"는 하나님의 백성들을 돌보시는 시혜자(인도하고 공급하고 보호하는 분)를 뜻한다. 그리고 "하늘에 계신"이란 표현은 하나님을 달리 지칭하는 용어로서 하나님의 위대하심과 초월성을 함축한다. 지상의 어버이가 자식에게 좋은 것들을 주는 것처럼 하늘의(하나님) 아버지는 자기 백성들을 의의 길로 인도하며, 필요한 것을 공급하고, 위험에서 보호하신다. 제자들이 "하늘에 계신 우리 아버지여" 하고 부를 때에 그들은 하나님의 백성들의 시혜자께 친밀하게 나아가 그 분을 의지하는 것이다. 제자들의 부름은 그들을 하나님 앞에 충성스러운 (신실한) 백성들로 서게 한다.

### "당신" 청원 마태복음 6:9하-10

"당신" 청원의 주제는 "(당신의) 이름이 거룩히 여김을 받게 하시라" 이다. (당신의) 이름이 거룩히 여김을 받을 수 있게, (당신의) 나라가 임하게 하시며, (당신의) 뜻을 이루시라는 것이다.

- 거룩 청원

"(당신의) 이름이 거룩히 여김을 받게 하시라." 이름은 하나님의 하나님 되심을 뜻한다. 그리고 거룩은 배타적인 구별과 독보적인 위치와 비교되지 않는 걸출함을 뜻한다. "(당신의) 이름이 거룩히 여김을 받게 하시라"는 것은 하나님이 계셔야 할 자리에 계시게 하시라는 것이다. 하나님의 이름이 거룩히 여김을 받게 하시라는 거룩 청원은 지배세력들(권세들과 이 어둠의 세상 주관자들과 하늘에 있는 악의 영들, 엡 6:12)의 저항과 사람들의 반역(우상숭배)을 배경으로 하고 있다. 거룩 청원은 지배세력들과 우상들이 득세하는 곳에 하나님의 주권이 회복되기를 바라는 것이다. 거룩 청원은 반역의 무리들 가운데 하나님의 이름이 새겨진 깃발이 펄럭이게 하시라는 것이다. 그렇게 해서 그들로 인해 초래된 우주적인 부조화와 불균형이 극복되기를 바라는 것이다. 하나님의 이름이 거룩히 여김을 받는 곳에서 반역의 무리들도 제자리를 찾게 된다.

거룩 청원은 하나님의 영광이 우주에 빛나게 하시라는 것이다. 거룩 청원은 지배세력들이 악과 고난으로 창조의 영광을 훼손하고 있지만 다시 우주를 선한 창조로 회복시키시라는 것이다. 거룩 청원은 하나님이 하늘과 땅의 모든 곳을 다스려서 창조의 질서가 회복되고 창조의 영광이 빛나게 하시라는 것이다.

제자들이 거룩 청원을 드릴 때 거룩하신 하나님의 존전으로 이끌림을 받는다. 그리고 그들이 무엇을 위해 부름 받았는지 알게 된다. 그리고 그들이 항상 누구 편에 서있어야 하는지 알게 된다.

- 나라 청원

하나님의 이름이 거룩히 여김을 받기 위해서 "(당신의) 나라가 임하게 하시라"는 "나라 청원"이 뒤따른다. 당연히 하나님나라가 임하는 곳마다 하나님의 주권이 서게 되고 하나님의 이름이 거룩히 여김을 받게 된다. 하나님나라가 임하게 하시라는 것은 지배세력들이 활개 치는 곳과 인간의 왕국에 하나님의 주권이 서게 하시라는 것이다. 하나님나라는 하늘로부터 오는 것이고 하나님의 통치가 미치는 영역이다. 하나님나라가 어떻게 지상에 임하는가? 예수님이 지상에 와서 복음을 전파했을 때 하나님 나라가 해방과 치유와 회복의 힘으로 임했고 하나님의 백성들이 일어났다. 예수님이 복음을 전파한 것처럼 제자들이 복음을 전파할 때 하나님나라가 임하고 하나님의 백성들이 일어난다. 제자들이 "(당신의) 나라가 임하게 하시라"고 기도하는 것은 제자들의 복음 전파를 통해 하나님나라가 임하고 하나님의 백성이 일어나서 곳곳마다 하나님의 주권이 회복되고 하나님의 이름이 천지간에 거룩히 여김을 받기를 바라는 것이다. 결국 나라청원은 제자들의 소명의식을 날카롭게 한다.

- 뜻 청원

"(당신의) 뜻이 하늘에서 이루어진 것 같이 땅에서도 이루어지게 하시라"는 "뜻 청원"은 "(당신의) 나라가 임하게 하시라"는 "나라 청원"의 연장이다. 하나님의 뜻은 예수님을 통해 하나님나라에 들어가는 하나님의 백성들을 일으키는 것이며, 하나님의 이름이 거룩히 여김을 받는 것이다. 예수님을 통해 하나님의 백성을 일으키고자 하는 하나님의 뜻이 이미 하늘에서 이루어졌다. 이제 지상에서, 시간 속에서 하나님의 백성들을 모집하는 절차가 남아있다. 하늘에서 이루어진 하나님의 뜻이 시간 속에서 펼쳐져야 한다. 그러므로 하나님의 뜻이 지상에서 이루어지기를 바라는 "뜻 청원"은 하나님의 백성이 일어나고 천지간에 곳곳마다 하나님의 주권이 서고 그 결과 하나님의 이름이 거룩히 여김을 받기를 원하는 것이다. 사람들의 오도된 자유가 하나님의 뜻의 성취를 지연시키는 듯하지만 마침내 하나님의 뜻이 지상에서 성취되는 그날이 올 것이다.

제자들이 주기도문을 따라 "당신" 청원을 드릴 때, 하나님의 이름이 온 우주에서 거룩히 여김을 받기를 바라면서 하나님의 영광스러운 존전으로 이끌림을 받게 된다. 그 순간 제자들의 하나님을 향한 충성(신실)이 크게 고양된다. 예수님은 제자들을 거룩하신 하나님의 존전으로 이끌어서 그들의 의가 거기서 형성되기를 바라신다. 예수님은 하나님과의 친밀한 교제 속에서 제자들의 의가 깊이와 높이와 넓이와 길이를 더해가기를 바라신다.

### "우리" 청원 마태복음 6:11-13상

"우리"로 시작하는 "우리" 청원은 세 가지 청원들로 이루어져 있다. 양식 청원과 용서 청원과 악에서의 구출 청원이다. "우리" 청원은 제자들이 악과 고난과 유혹이 넘실대는 반역의 땅에서 하나님의 돌보심을 의지하는 기도이다. "우리" 청원은 하나님을 향한 제자들의 충성을 함양한다. 그리고 제자들이 "우리" 청원을 드릴 때 "우리"라는 제자 공동체를 의식하게 되고 공동체 구성원들을 향한 충성을 함양하게 된다.

- 양식 청원

"오늘날 우리에게 일용할 양식을 주옵시며"

양식 청원은 생명지탱을 위한 기도이다. 양식 청원은 생존을 위한 양식을 구하는 기도이다. 지금은 예수님이 제자들에게 이 기도를 가르쳐주던 당시처럼 절대빈곤의 시대가 아니다. 오히려 너무 많은 양식을 섭취해서 병이 생기는 때이다. 많이 먹어서 생기는 병인 당뇨병이 30년 전보다 500배나 늘었다고 한다. 아동 비만도 심각하다고 한다. 지금은 과다한 음식섭취가 독이 되는 때이다. 풍요로우면서도 한편으로는 일터와 생존에 대한 문제가 절실하다.

사람은 생존의 문제에 부딪힐 때 염려한다. "오늘날 우리에게 일용할 양식을 주옵시며" 하는 양식 청원은 생존의 문제가 절실할 때 시혜자이신 하늘 아버지를 의지하는 것이다. 제자들이 양식 청원을 드리면서 생존의 문제에서 해방된다. 비록 현재 일터가 없드라도 하늘 아버지께서 한 날을 위한 양식을 주실 것을 믿는 것이다. 한 날의 양식, 일용할 양식을 구하는 기도는 가장 겸허한 기도이다. 제자들이 양식을 위해 기도할 때 한 끼 식사를 거를 수 없는 피조물임을 인정하게 되고 하나님을 의지하게 된다. 식사 시간마다 한 날의 양식을 주신 것을 감사하는 것은 연약한 피조물임을 기억하는 시간이다.

제자들이 양식 청원을 드릴 때 풍요롭게 주셨지만 나누지 않고 독점하는 인간의 탐욕을 기억하게 된다. 미국 중부의 곡창지대인 아이오와 주에서 생산되는 곡물로만 미국인들의 양식이 되고, 미국에서 생산되는 곡물로만 지구인들의 양식이 된다. 그러나 인간의 탐욕으로 인해 남아도는 곡물들이 제대로 분배되지 않고 세계 곳곳에서 아사자들이 생겨난다. 하나님은 인류가 먹을 수 있는 충분한 양의 양식을 허락하셨지만 사람들이 제대로 나누지 않는다. 양식 청원은 제자들의 책무를 떠올리게 한다. 하나님께 받은 양식을 함께 나누는 것이다. 교회에서 굶주리는 지역민들의 끼니를 도울 수 있을 것이다. 독일에서 사회적 약자들과 빈자들을 돕는 사회복지가 교회를 중심으로 시행되는 것은 교회의 사회적 책무에 대한 좋은 참고점이 된다.

　　제자들이 한 날의 양식을 구하는 양식청원을 드릴 때 풍성하게 양식을 공급하시는 선하신 하나님을 겸허하게 의지하게 된다. 그리고 탐욕과 무한경쟁의 세상에서 "우리"라는 연대의식을 함양하게 되고 나눔과 분배에 관심하게 된다.

　　- 용서 청원
　　"우리가 우리에게 죄지은 자를 사하여 준 것같이 우리
　　죄를 사하여 주옵시고."

　　용서 청원은 제자들이 일상에서 지은 죄를 고백하며 용서를 구하는 기도이다. 용서는 반역상태에 있는 자를 본래의 자리로 회복시키는 것이다. 제자들이 죄를 고백하며 용서를 구할 때 하나님은 그들을 다시 제자의 자리에 세우신다. 하나님의 용서는 충성스럽지 못한 제자들을 충성하도록 돕는 것이다. 사람들은 죄성으로 인해 반역하고 배반하며 관계에 금을 낸다. 하나님은 자기 백성들과 맺은 언약에 충성하신다. 하나님은 목자를 떠나간 양을 찾도록 찾으신다. 그리고 찾은 양을 양무리 가운데 두시고 극진히 보살피신다. 하나님은 돌아온 탕자를 아들로 인정한 아버지처럼 죄를 고백한 제자들을 용서하시고 그들을 제자직에 두신다. 제자들은 용서의 청원을 드리는 가운데 하나님에게로 이끌림을 받으며 점차 신실한 하나님의 신실한 백성들이 되어간다.

제자들이 용서 청원을 드릴 때 제자들 서로에게 용서가 필요함을 알게 된다. 용서는 반역자와 배반자를 본래의 자리로, 원래의 관계로 회복시키는 기술이다. 용서가 무엇인가를 이해하려면 용서의 대척에 있는 정죄를 살피면 됩니다. 정죄는 반역자와 배반자를 심판하며 관계를 끊는 것이다. 거기에 관계를 소중히 여기고 유지하는 신실함이 없다. 사회적으로 편 가르기, 왕따, 인종차별, 혐오범죄 등이 정죄의 문화를 따라온 것이다.

하나님은 그 분을 반역한 인류를 용서하신다. 달리 말해서 하나님은 반역자들을 신실하게 대하며 관계를 회복하신다. 하나님이 용서하지 않는다면 하나님의 백성은 있지 않을 것이다. 제자들은 서로 용서하면서 금이 간 형제 관계를 회복하고 갈라진 공동체를 회복하는 신실한 사람들이 되어간다. 이런 말이 있다. "의인은 용서하기를 힘쓰지만 죄인은 정죄하기에 빠르다." 제자들은 날마다 용서 청원을 드리면서 용서를 삶의 태도로 만들어간다. 그리고 제자 공동체에서 서로 용서하기를 힘쓴다.

제자들의 용서 행위는 당시 종교지도자들의 정죄 문화에서는 찾아볼 수 없는 것이었다. 제자들이 서로 용서하는 것은 제자 공동체의 특징이었고 그들의 독특한 표지였다. 제자들이 서로 용서하는 것은 그들이 용서받은 하나님의 백성들임을 드러내는 것이었다. 그러므로 제자들이 서로 용서하지 않는다면 그들이 용서받은 하나님의 백성들임을 자각하지 못하는 것이었다. 제자들은 서로 용서함으로써 그들이 하나님의 백성들임을 확인하며, 신실한 하나님의 백성들이 되기 위해서 하나님의 용서를 지속적으로 구했다. 용서는 하나님의 백성들의 공동체를 세우고 유지하는 신실의 한 자락이며 결국 제자들의 의임을 알 수 있다. 용서 청원은 공동체 유지를 위한 제자들의 신실을 함양한다.

- 악에서의 구출 청원
 "우리를 시험에 들지 말게 하옵시며 다만 악(악한 자)
 에서 구하옵소서."

악한 자(evil one, 대적자, 유혹자)는 제자들의 출현을 달가워하지 않는다. 악한 자는 고난과 유혹으로 제자들을 흔들어 하나님과 틈새가 벌어지게 하고 제자 공동체를 무너뜨리려 한다. 고난과 유혹은 제자들을 흔들어 무너뜨리는 악한 자의 전술이다. 유혹은 제자들 속에 있는 죄성을 충동질해서 스스로 무너지게 하는 것이다. 죄성이 있는 한 유혹을 물리치기 쉽지 않다. 유혹이라는 소용돌이 광풍은 버티고 견디기가 쉽지 않다. 유혹의 바람이 거센 날에 제자들은 그 바람에 몸을 맡기지 말아야 한다. 대신 하나님께 기도해야 한다. 유혹이라는 광풍 속으로 들어가지 않게 붙들어달라고 기도해야 한다. 유혹은 맞서 이기기 어렵기에 피하는 것이 상책이다. 유혹의 바람이 지나가기까지 피신해야 한다. 유혹의 날에 드리는 기도는 가장 무력한 상태에서 드리는 기도이다. 혼란스러운 어린 양이 목자의 품에 안기는 기도이다. 선한 목자 주님이 날름거리는 뱀의 유혹에서 어린 양을 보호해 주실 것이다.

제자들이 평소 주기도문을 따라 악에서의 구출 청원을 드릴 때 유혹에 대한 대처법을 상기하고 숙지하게 된다. 제자들은 악으로 유혹하는 돌발상황이 벌어져도 그것이 유혹이라는 것을 기민하게 파악하고 유혹하는 사람이나 유혹하는 세력이나 유혹의 현장을 피하게 된다.

제자들이 그들의 필요를 아뢰는 "우리" 청원을 드릴 때 신실하게 하나님 아버지를 의지하게 된다. 또한 제자들이 "우리" 청원을 드릴 때 하나님의 보살핌을 필요로 하는 제자 공동체와 이웃을 기억하게 되고 그들과 연대하면서 그들을 보살피게 된다.

### 송영 마태복음 6:13하

"나라와 권세와 영광이 아버지께 영원히 있나이다."

"우리" 청원에 뒤이은 송영은 거룩하신 왕이시며 하나님의 백성들의 아버지이신 하나님의 명예를 한껏 높이는 것이다. 제자들은 송영으로 하나님을 향한 그들의 충성을 한껏 드러낸다.

주기도문은 300자가 안 되는 짧은 기도문이지만 제자들의 의를 신장하는 경건훈련의 도구이다. 예수님은 바리새인들이나 이방인들의 기도행위를 본받지 말고(8상), "이렇게 기도하라"(9상)고 하시며 제자들에게 고정된 형태의 기도문을 전해주셨다. 바리새인들이 몇 가지 기도문을 가지고 그들의 경건을 연단했듯이 제자들이 주기도문을 가지고 경건훈련을 하게 한 것이다.

그리고 "이렇게 기도하라"(9상)에 해당하는 누가복음 11:2에는 "너희가 기도할 때에 이렇게 '말하라'"(When you pray, say)로 "기도하라" 뒤에 "말하라"가 이어지고 있다. 헬라어로 "말하다"는 "낭독하다"는 의미를 지니고 있다. 그래서 누가복음 11:2은 이렇게 번역될 수 있다 "너희가 기도할 때에 이렇게 낭독하라." 예수님은 제자들이 주기도문을 따라 기도할 때 낭독하기를 원하셨다고 할 수 있다. 주기도문이 하나님께 드리는 청원이라면 낭랑한 목소리로 기도하는 것이 더 어울려 보인다.

제자들이 다함께 모여 목청을 돋우어 "당신" 청원을 드리면서 하나님의 이름이 온 우주에서 거룩히 여김을 받기를 대망한다. 그리고 제자들이 "우리" 청원을 드리면서 다함께 하나님나라를 풍성하게 누리기를 소망한다. 제자들이 주기도문을 따라 기도할 때마다 하나님을 향한 충성과 이웃을 향한 충성이 자라간다. 주기도문은 하나님과 하나님의 백성들의 언약관계를 더욱 견고하고 풍성하게 만드는 도구이다.

주기도문이 산상수훈의 정중앙에 자리 잡고 있는 것이 지극히 당연해 보인다. 주기도문은 밤하늘의 별들 중에 중심별인 북극성처럼 하나님의 백성들의 위상과 좌표를 선명하게 지시해준다. 제자들은 매일 매일 주기도문 경건훈련으로 "더 나은 의"를 키워간다.

# 7

세상에서
제자의 의를 행함

마태복음 6:19-34

¹⁹ 너희를 위하여 보물을 땅에 쌓아 두지 말라
　거기는 좀과 동록이 해하며 도둑이 구멍을 뚫고 도둑질하느니라
²⁰ 오직 너희를 위하여 보물을 하늘에 쌓아 두라
　거기는 좀이나 동록이 해하지 못하며
　도둑이 구멍을 뚫지도 못하고 도둑질도 못하느니라
²¹ 네 보물 있는 그 곳에는 네 마음도 있느니라
²² 눈은 몸의 등불이니 그러므로 네 눈이 성하면 온 몸이 밝을 것이요
²³ 눈이 나쁘면 온 몸이 어두울 것이니
　그러므로 네게 있는 빛이 어두우면 그 어둠이 얼마나 더하겠느냐
²⁴ 한 사람이 두 주인을 섬기지 못할 것이니
　혹 이를 미워하고 저를 사랑하거나
　혹 이를 중히 여기고 저를 경히 여김이라
　너희가 하나님과 재물을 겸하여 섬기지 못하느니라
²⁵ 그러므로 내가 너희에게 이르노니
　목숨을 위하여 무엇을 먹을까 무엇을 마실까
　몸을 위하여 무엇을 입을까 염려하지 말라
　목숨이 음식보다 중하지 아니하며 몸이 의복보다 중하지 아니하냐
²⁶ 공중의 새를 보라 심지도 않고 거두지도 않고
　창고에 모아들이지도 아니하되 너희 하늘 아버지께서 기르시나니
　너희는 이것들보다 귀하지 아니하냐
²⁷ 너희 중에 누가 염려함으로 그 키를 한 자라도 더할 수 있겠느냐
²⁸ 또 너희가 어찌 의복을 위하여 염려하느냐
　들의 백합화가 어떻게 자라는가 생각하여 보라
　수고도 아니하고 길쌈도 아니하느니라
²⁹ 그러나 내가 너희에게 말하노니
　솔로몬의 모든 영광으로도 입은 것이 이 꽃 하나만 같지 못하였느니라
³⁰ 오늘 있다가 내일 아궁이에 던져지는 들풀도
　하나님이 이렇게 입히시거든 하물며 너희일까 보냐 믿음이 작은 자들아
³¹ 그러므로 염려하여 이르기를
　무엇을 먹을까 무엇을 마실까 무엇을 입을까 하지 말라
³² 이는 다 이방인들이 구하는 것이라
　너희 하늘 아버지께서 이 모든 것이 너희에게 있어야 할 줄을 아시느니라

[33] 그런즉 너희는 먼저 그의 나라와 그의 의를 구하라 그리하면 이 모든 것을 너희에게 더하시리라
[34] 그러므로 내일 일을 위하여 염려하지 말라 내일 일은 내일이 염려할 것이요 한 날의 괴로움은 그 날로 족하니라

제자들의 의는 세상에서 어쩔 수 없이 드러난다. 마치 유혹이 제자들 속에 있는 죄성을 들추어내듯이 세상이 제자들의 의의 실체를 드러낸다. 제자들이 일상에서 세속과 정면으로 부딪히면서 그들의 의를 드러낸다.

본문은 세상으로부터 오는 유혹과 탐욕(19-24) 그리고 염려(25-34)에 대해 제자들이 어떻게 그들의 의로 대처해야 하는지 교훈한다. 예수님은 하나님의 백성답게 살지 못하도록 제자들에게 저항하는 세상의 실체들에 대해 이렇게 말씀했다.

> "세상의 염려와 재물(부)의 유혹과 기타 욕심이 들어와 말씀을 막아 결실하지 못하게 한다." 마가복음 4:19

> "but the cares of the world, and the lure of wealth, and the desire for other things come in and choke the word, and it yields nothing." NRSV

세상으로 번역된 아이온(αἰών)은 타락한 시대 또는 지배의 시대를 뜻한다. 세상의 염려는 세상이 일으키는 염려이다. 타락한 시대정신 중의 하나가 염려이다. 재물의 유혹은 재물이 인격신처럼 사람을 유혹하는 힘을 가지고 있음을 뜻한다. 기타 욕심은 모든 것에 탐욕으로 반응하는 것을 뜻하며 세상이 주는 대표적인 불의이다. 십계명에서 하나님의 백성들의 의(하나님 사랑과 이웃 사랑)와 정면으로 배치되는 것이 탐욕임을 명시했다(열 번째 계명).

사람이 세상을 사랑할 때(세상에 충성할 때) 얻게 되는 불의가 육신의 욕망과 안목의 욕망과 이생의 자랑이다(요일 2:15-17). 사람이 세상에 충성해서 얻는 것은 욕망과 자랑과 염려가 전부이다. 이것들은 세상이 사람에게 주는 불의이다. 하나님이 제자들에게 주신 신실과 인애의 의와 얼마나 대조되는가. 제자들이 일상에서 욕망과 자랑과 염려라는 세상이 주는 불의를 접할 때 그들의 의를 어떻게 드러내야 하는가?

**재물을 섬기지 말라** 마태복음 6:19-24

본문에서 예수님은 제자들이 재물에 절하지 말고 재물을 선용하라고 교훈하신다. 예수님은 제자들이 재물의 위험성과 유용성을 잘 헤아려서 대처하기를 바라신다. 19-21절은 보물을 하늘에 쌓아 두라, 즉 보물을 선용하라는 말씀이다. 22-23절은 건강한 눈과 밝은 몸으로 보물을 선용하라고 말씀한다. 24절에서 예수님은 재물에다 인격성을 부여해서 "맘몬"이라고 부르신다. 그리고 재물을 하나님과 나란히 병치해서 재물을 신적인 위치에 두신다. 재물(맘몬)이 사람을 지배하고 사람의 충성을 훔치는 마성을 지니고 있음을 경고하신다.

- 보물을 하늘에 쌓아 두라(19-21)

원어로 보물이란 단어에는 보물창고란 뜻이 들어있다. 그리고 "쌓아 둔다"라는 동사와 어근이 같다. 그러므로 보물을 땅이나 하늘에다 쌓는다는 것은 땅이나 하늘에다 보물창고를 짓고서 보물을 그 안에 넣는 것을 뜻한다. "네 보물이 있는 곳에 네 마음도 있다"(21)는 말씀은 보물(쌓으라고 멋진 장식으로 만들어졌다)을 쌓고 싶은 마음은 인지상정

인데 보물창고를 어디에 지었느냐가 그 마음의 상태를 결정한다는 것이다. 보물창고가 땅에 있으면 그 곳에 보물을 쌓는 마음은 획득하고 소유하고 자랑하려는 욕구와 관련이 있을 것이다. 반면에 보물창고가 하늘에 있으면 그 곳에 보물을 쌓는 마음은 전자와는 상당히 다를 것이다. 보물창고를 하늘에다 두고 보물을 그 곳에 쌓는다는 것이 무엇일까? 보물창고가 땅에 있으면 소유자가 보물을 가지고 그곳에 들어갈 수 있다. 보물창고에 소유자의 몸과 마음도 같이 들어간다. 그리고 보물이 보물창고에 보관되어 있는 한 소유자의 것이다. 반면에 하늘에 보물창고가 있으면 소유자의 몸이 들어가지 못한다(마음은 그리로 향할 수 있다). 그리고 보물도 어디를 거쳐 보물창고로 들어가는지 알지 못한다. 그러므로 하늘에 있는 보물창고에 보물을 쌓는 것은 그냥 소유자에게서 떠나가는 것이다. 그때 소유자의 마음은 보물이 그에게서 떠나가는 것이니 주는 것, 베푸는 것과 관련이 있을 것이다. 예수님은 보물과 관련된 제자들의 의는 획득하고 소유하는 것이 아니라 베푸는 것이라고 말씀하는 듯하다. 이어지는 구절이 같은 맥락이기에 더욱 그러하다.

- 눈이 좋으면 온 몸이 밝을 것이다(22-23)

"눈은 몸의 등불이다. 눈이 좋으면 온몸이 밝을 것이다"(22, 우리말 성경). 예수님은 눈이 몸의 등불이라고 말씀한다. 고대 지중해 연안의 사람들은 몸 안에 빛이 있고, 그 빛이 눈을 통해서 밖으로 나가서, 사물을 보게 된다고 여겼다. 예수님도 같은 선상에서 말씀한다. 사람의 몸 안에 있는 빛이 눈으로 모인다. 그러면 눈은 등불처럼 환하게 빛을 낸다. 그러면 그 사람은 사물을 보게 된다. 그러므로 눈이 좋으면(밝으면 또는 건강하면) 몸 전체가 밝다. 몸 안에 빛이 가득하기에 등불 역할을 하는 눈도 밝다. 반면에 눈이 나쁘면(악하다는 뜻도 있어 evil eye 로도 번역된다) 몸 전체가 어둡다. 몸 안에 빛이 없고 어둠이 있다. 어둠은 빛의 부재가 아니라 어둠이라는 실체이다. 몸 안에 어둠만 있으면 등불 역할을 하는 눈도 어둡다.

눈에서 빛이 나오는지 눈이 어두운지를 보면 그 사람의 온몸의 상태를 알 수 있다. 몸 안에 가득한 빛은 하나님의 의와 관련이 있을 것이며, 몸 안에 가득한 어둠은 세상의 불의와 관련이 있을 것이다. 신실과 인애의 의를 몸 안에 가득 담고 있는 제자들의 눈에서는 자비의 불빛이 나갈 것이다. 좋은 눈(밝은 눈, 건강한 눈)을 가진 제자들은 보물에다 자비를 담아 가난하고 연약한 이웃들에게 주려할 것이다. 제자들은 보물을 소유하려 하지 않고 선용하려 한다. 이러한 보물에 대한 자세는 제자들의 의에서 우러났다고 할 수 있다.

육신의 욕망과 안목의 욕망과 이생의 자랑이라는 세상의 불의를 몸 안에 가득히 담고 있는 세속인들의 눈에서는 어떤 불빛이 나갈까? 그 눈 안에는 탐욕이란 컴컴한 어둠만이 맴돌고 있을 것이다. 나쁜 눈(어두운 눈, 악한 눈)을 가진 사람은 보물을 볼 때마다 탐욕에 지배당할 것이다. 그래서 더 많이 가지려 하고 더 많이 소비하려 하며 그것들을 자랑하려고 할 것이다.

- 재물을 섬기지 말라(24)

예수님은 제자들이 그들의 의를 따라 보물을 선용하도록 교훈하셨다. 이제 예수님은 제자들에게 재물이 지닌 마성을 지적하면서 그것에게 절하지 말라고 경고하신다. 예수님은 제자들이 재물의 유혹을 받을 때 재물에게 절하지 말고 하나님에게 충성하라고 교훈하신다. 유혹의 날에는 하나님에게 피하는 것이 상책이다.

예수님은 재물을 "맘몬"이라고 부르며 인격성을 부여해서 재물이 사악한 영적인 실체 아래에 있음을 암시한다. 예수님이 "맘몬"이라고 부른 재물은 중립적인 가치가 아니라 악마적인 힘 아래에 있다. 재물이 사악한 힘을 가지고 있기에 예수님이 심각하게 경계한 우상숭배가 맘몬숭배(mammonolatry), 즉 물신숭배(物神崇拜, fetishism)이다. 맘몬은 하나님과 경쟁하는 신이며 사람을 유혹하고 지배하는 힘을 가지고 있다. 맘몬은 모든 것을 할 수 있다는 환상을 사람에게 심어서 그들의 충성을 훔친다.

오늘날에도 맘몬은 수많은 숭배자들을 만들어낸다. 자본주의 사회에서 맘몬(재물)은 시장(market)과 자본(capital)이란 이름으로 변신해서 암약한다. 하비 콕스(Harvey Cox)는 그의 저서 "신이 된 시장"에서 시장이 사람들을 완벽하게 통제한다는 점에서 신적인 전능성을 가지고 있다고 말한다. 사람들은 시장의 요구에 따라 무엇이든지 상품으로 만들어 판다. 심지어 자기의 인격과 몸과 사생활을 상품으로 만들어 판다. 그리고 거룩함과 아름다움과 안식의 장소였던 땅을 부동산이란 상품으로 만들어 판다. 이렇듯 시장은 하나님이 선한 창조로 만드신 사람과 땅을 완벽하게 그의 통제 아래에 둔다. 서구사회에서 겨우 300년 전에 형성된 시장에서 사람들은 맘몬 숭배자들이 된다. 이상은 하비 콕스가 주장하는 시장의 전능성에 관한 요지이다.

오늘날 한국을 비롯한 지구촌의 수많은 젊은이들이 시장의 요구에 따라 그들을 상품화 한다. 한국에서 예비 대학생들이나 예비 사회인들이 시장이 원하는 것을 따라 진로를 결정한다. 수많은 대학생들과 졸업생들이 적성이나 전공에 상관없이 공무원, 삼성, 변호사를 목표로 사회 진출을 준비한다. 자격증과 유학과 어학연수 등이 필수 스펙이 되었다.

또한 맘몬(재물)은 "자본"이란 이름으로 변신해서 사람들을 지배하는 마성(devilishness)을 드러낸다. 생산에 투자하지 않고 산업자본을 착취해서 이윤만을 챙기는 금융자본을 맘몬이라고 여기는 이들이 많이 있다. 금융자본이 맘몬의 게임이라고 불리는 돈벌이만 목적으로 한다면 맘몬의 마성을 지녔다고 할 수 있다. 10여년 전에 금융자본의 농간으로 미국 정부가 재정 파산에 직면했고, 얼마 지나지 않아 금융자본을 떠받들고 그 이익을 통째로 가져가던 1%의 최상위 부자들(super rich)에 대한 저항운동이 월가를 점령하라(Occupy Wall Street)는 외침으로 뉴욕을 시발로 해서 미국 전역에서 일어났다. 금융자본이 지닌 마성이 드러났다고 할 수 있다. 그럼에도 금융자본은 내 집 마련을 위한 모기지 대출이나 건강보험 등 사회 구성원들의 삶의 질을 개선하는 긍정적인 기능도 하고 있다.

오늘날 맘몬(재물)은 "맘몬의 게임"이라는 "돈벌이"를 통해 집단이나 개인을 지배한다고 할 수 있다. "자본이 있으면 이윤을 남겨야 한다. 자본이 있으면 돈벌이를 해야 한다"는 왜곡된 자본의 논리가 대부분의 자본주의 사회 구성원들의 뇌리에 불문율처럼 새겨져 있는 듯하다. 상당수의 한국인들에게 부동산은 돈벌이를 위한 투기 대상인 듯하다. 부동산 투기는 내 집 마련을 위해서 재물을 쓰는 것을 넘어서 이윤을 남길 목적으로 땅과 집을 사들이는데 재물을 쓰는 것이다. 과열된 부동산 투기로 인해 지가가 오르고 서민들의 내 집 마련의 꿈은 멀어진다. 한국의 지가총액이 일본, 미국 다음이라고 한다. 한국의 지가총액으로 미국의 국토를 두 번 살 수 있다고 한다. 그리고 한국의 지가 상승률이 임금 상승률의 두 배라고 한다. 땀 흘려 일해서 버는 돈보다 땅 사서 버는 돈이 더 많은 것이다. 투기자본, 금융자본의 시대에 자본을 생산에만 투자하거나 자본을 이웃과 더불어 나눈다는 것은 생소하고 우매한 사고방식이자 종교의 고루한 가르침으로 치부된다. 자본주의 사회는 구조적으로 물신숭배를 피할 수 없는 듯하다.

자본주의 사회에서 교묘한 물신숭배가 나타난다면 공산주의 사회에서는 물신의 포악한 지배가 나타난다. 마르크스는 맘몬숭배에 물든 자본주의 사회를 거칠게 비판했다. "태어나자마자 플루톤(부와 저승의 신)의 머리털을 휘어잡고 그를 땅 속에서 끌어올린 근대사회는 황금을 성배로 혹은 내면생활원리의 찬란한 화신으로 환영하고 있다." 마르크스의 후예들은 자본주의 사회가 안고 있는 맘몬숭배의 해악을 극복하기 위해 "능력에 따라 일하고 필요에 따라 가져 간다"는 이상적인 사회를 꿈꾸며 공산주의 혁명을 했을 것이다. 사유재산을 몰수하고 생산수단을 분배하고 배급제를 실시했다. 그 과정에서 수천만 명이 계급투쟁이란 이름으로 죽었다. 그러나 계획경제 하에서 생산수단은 (강제로) 분배되었지만 생산력이 따라오지 못했다. 필요에 따라 가져가고 싶어도 그럴 수 없는 세상이 되었다.

지난 세기 공산주의 혁명은 인류의 1/3을 노예로 만들었다. 다시 봉건제 사회로 돌아갔다. 오늘날 그 사회에서 당료들만이 부의 혜택을 누린다. 중국의 경우 14억 인구의 5%인 7천만 명이 부를 장악했다. 나머지 국민들은 평균 이하의 가난에 처해있다. 북한은 당료들의 도시인 평양 시민들만 부의 혜택을 누린다. 이러한 사회적 모순과 갈등 요인을 덮기 위해 중국 공산당과 북한 노동당은 감시와 통제와 처형과 독재로 지배한다. 현대판 노예들이 그곳에 있다. 그런 사회를 견딜 수 없어 중국에서는 가진 자들이 나라밖으로 탈출하고 북한에서는 가지지 못한 자들이 나라밖으로 나온다.

자본주의 사회에서 사람들이 맘몬의 게임인 돈벌이에 중독된다. 공산주의 사회에서 사람들이 혁명으로 가장한 맘몬의 사악한 지배에 숨죽인 채 굴종한다. 이래저래 맘몬의 종노릇하는 것은 마찬가지인 듯하다. 두 진영이 시장경제와 계획경제로 방향만 달랐지 문명의 본질이 똑같기 때문이다. 타락한 세상에서 불의를 안고 사는 사람들이 스스로의 힘으로 맘몬의 굴레에서 벗어나는 것은 애초에 불가능했다. 그들의 불의 때문에 맘몬의 마성을 극복하지 못하고 맘몬에게 지배당한다. 이념이나 혁명이 맘몬의 마성을 극복하지 못하는 듯하다. 모택동은 "공산주의는 사랑이 아니다. 공산주의는 적을 분쇄하는 데 사용하는 망치이다"라고 거침없이 증오를 드러냈다. 그 증오의 망치로 맘몬의 머리통을 부수었는가? 이념이나 혁명이 아닌 위로부터 의가 와야 한다. 제자들에게서 가능성이 있을 것이다. 최근에 시장경제와 계획경제의 폐해를 보면서 중세 수도원에서 시작되어 발달된 시민경제가 재등장하고 있다. 시민경제는 건강한 공동체 안에서 구성원들 모두의 삶의 질을 개선하는 것을 경제활동의 목표로 하고 있다. 시민경제가 대안 경제원리가 될 수 있을지 귀추가 주목된다.

종교개혁자 마틴 루터(Martin Luther)는 교회까지 물신을 숭배하던 시대에 맘몬의 위세를 조롱하면서 이렇게 말했다. "거대한 우상 맘몬이 보물창고를 지키는 세 명의 호위병들을 임명했는데 좀과 동록과 도둑이다." 맘몬에게 절해서 얻은 조그마한 조각의 이익으로 사람들이 만족하고 기뻐한다. 하지만 그 행복이 불량한 호위병들 때문에 금방 부서질 것만 같아 위태로워 보인다. 루터의 말이 옳다면 보잘 것 없는 맘몬의 기만책에 모든 시대의 사람들이 속아 넘어간다.

> "한 사람이 두 주인을 섬기지 못할 것이니 혹 이를 미워하고 저를 사랑하거나 혹 이를 중히 여기고 저를 경히 여김이라 너희가 하나님과 재물(맘몬)을 겸하여 섬기지 못하느니라." 마태복음 6:24

예수님은 제자들에게 하나님과 재물을 함께 섬길 수 없다고 하시며 누구에게 충성을 바칠지 결단해야 한다고 말씀하신다. 예수님은 충성의 대상이 분명하지 않으면 재물의 유혹을 이길 수 없다고 경고하신다. 예수님은 제자들에게 재물이란 하나님에게로 향하기 위해서 돌아서야 하는 우상이라고 말씀하신다. 이제 제자들에게 재물은 엎드려 절하는 충성의 대상이 아니라 보물을 하늘에 쌓기 위한 수단에 불과하다. 제자들은 재물에다가 하나님의 자비를 담아 약자들과 빈자들을 돕는다. 재물은 유혹하고 지배하는 힘이 있으니 사람 안에 있는 욕망이라는 불의와 반응하기가 쉽다. 제자들은 재물을 대할 때 탐욕으로 반응하지 않고 그들의 의로 반응한다. 그렇게 해서 재물이 지닌 마성을 순화하고 재물을 자비의 수단으로 선용한다.

재물이 탐욕이라는 사람의 불의와 반응해온 역사는 길고 끝날 조짐이 보이지 않는다. 본문에서 예수님이 재물의 마성을 경고했듯이 성경에는 부(wealth)에 대한 권장보다는 부에 대한 경계가 압도적으로 많다.

> "우리가 세상에 아무 것도 갖고 온 것이 없으매 또한 아무 것도 가지고 가지 못하리니 우리가 먹을 것과 입을 것이 있은즉 족한 줄로 알 것이니라. 부하려 하는 자들은 시험과 올무와 여러 가지 어리석고 해로운 욕심에 떨어지나니 곧 사람으로 파멸과 멸망에 빠지게 하는 것이라. 돈을 사랑함이 일만 악의 뿌리가 되나니 이것을 탐내는 자들은 미혹을 받아 믿음에서 떠나 많은 근심으로써 자기를 찔렀도다." 디모데전서 6:7-10

그리고 성경에는 재물을 가난한 이웃에게 베풀고 재물로 사람을 얻으라는 권면이 자주 등장한다.

> "불의의 재물로 친구를 사귀라. 그리하면 그 재물이 없어질 때에 그들이 너희를 영주할 처소로 영접하리라." 누가복음 16:9

예수님은 물신숭배가 악한 자가 만들어낸 항존하는 시대정신임을 경고하신다. 모든 시대의 사람들이 물신숭배에 현혹되어 살아간다. 제자들은 악한 자의 전술인 물신숭배를 그들의 의로 극복해야 한다. 제자들은 횡령, 부정, 편법에서 벗어나야 하고 맘몬의 게임인 돈벌이에 중독되지 말아야 한다.

**염려하지 말라** 마태복음 6:25-34

예수님을 만나기 위해 갈릴리 호수변 언덕으로 몰려든 무리들에게는 염려가 많았을 것이다. 그들 대부분이 파산난 인생들이었고 하루의 끼니를 걱정하던 처지였다. 제자들도 그 무리 가운데서 나왔다. 그들에게 염려는 일상이었다. 예수님은 그들에게 작은 위로의 말을 건네는 것이 아니라 무모하게 들릴 만큼 강한 발언을 하셨다. "염려하지 말라." "염려하지 말라"고 세 번씩이나 반복하셨다. 예수님은 일체 염려하지 않도록 발상이나 삶의 방식을 개조하려 하셨나? 인공지능 로봇에게 프로그램을 입력하듯이 염려를 모르는 사람들로 만들려 하셨나? 예수님은 염려 없는 삶(care-less life)이 아니라 염려에서 해방된 삶(care-free life)을 누리도록 하신다. 어떻게 사람에게 염려가 없을 수 있겠는가? 사람은 누구나 눈물 골짜기를 걷고 있는데... 타락한 세상에서 여전히 고통 받고 있는데... 세상이 염려거리를 계속 제공하는데... 예수님도 염려는 세상이 주는 것이라고 말씀하셨다. 제자들은 염려거리가 먹구름처럼 몰려올 때 어떻게 그들의 의를 드러내야 하는가? 제자들은 어떻게 그들의 의로 염려라는 세상의 불의에서 해방될 수 있는가?

예수님은 "세상의 염려"라는 표현으로 염려는 세상이 주는 것임을 말씀하셨다(막 4:19). 세상으로 번역된 아이온(αἰών)은 타락한 시대 또는 지배의 시대를 뜻한다. 타락한 시대를 살아가는 이들에게 염려는 피할 수 없는 것이다. 욕망과 경쟁과 착취와 독점으로 인해 결핍과 손실이 생기고 크고 작은 폭력으로 인해 고난이 생기며 그로 인해 수많은 염려거리들이 생겨난다. 그러나 염려의 먹구름은 계속해서 몰려오겠지만 염려의 소나기는 맞지 않을 수 있을 것이다.

예수님은 염려의 무익함(25-31), 염려하는 이유(30하, 32), 그리고 염려에서 해방되는 방법(33-34)에 대해 교훈하신다.

- 염려하지 말라(25-31)

예수님이 "염려하지 말라"고 세 번이나 반복해서 말씀한 것을 보면 사람들에게 내린 염려의 뿌리는 깊고 질긴 것 같다. 옛말에 "청천 하늘엔 별도 많고 이내 가슴엔 수심도 많네"라고 했고, "가지 많은 나무에 바람 잘 날이 없다"고도 했다. 인류역사상 가장 풍요로운 시대라는 오늘날에도 사람들에게 염려와 수심이 가득하다. 예나 지금이나 염려는 인지상정이라 하겠다. 철학자 꽁트는 "염려는 심장을 갉아먹는 생쥐"라고 했다. 염려가 사람을 안으로 오그라들게 만든다. 재물이 사람을 탐욕스럽게 만든다면 염려는 사람을 왜소하게 만든다. 예수님이 "세상의 염려"라고 말씀한 것처럼 염려는 세상이 사람을 왜소하게 만드는 기제이다. 사람이 염려하는 순간은 온통 염려거리에만 매달린다. 무엇을 먹을까? 무엇을 마실까? 무엇을 입을까? 장래 일터는 어떻게 될까? 누구와 결혼할까? 제자들이 염려하는 동안은 하나님의 돌보심과 인도하심을 떠올리지 못한다. 세상이 노리는 바가 그것이다. 하나님의 부재.

본문에서 예수님은 제자들이 염려하지 말아야 할 이유를 두 가지로 말씀한다. 먼저 염려의 무익함을 지적하신다. "너희 중에 누가 염려함으로 그 키를 한 자라도 더할 수 있겠느냐"(27). 우리말성경이 원어에 더 충실하게 번역했다. "너희 중 누가 걱정한다고 해서 자기 목숨을 조금이라도 더 연장할 수 있겠느냐?" 예수님은 염려한다고 수명이 늘어나지 않는다고 말씀한다. 염려해서 수명이 늘어나기보다 그 반대인 경우가 많을 것이다. 염려로 인해 몸과 마음에 이상이 올 수 있다. 미국 Northwestern 대학에서 500명을 대상으로 '긴장과 건강'의 연관성을 연구한 결과 다음과 같은 데이터를 얻었다. 시력장애의 1/3이 심적 긴장으로 생긴다. 염려가 많은 사람은 입안의 침이 산성으로 변해서 치아가 쉽게 상한다. 그리고 5,000명의 대학생을 대상으로 한 조사에 의하면 염려가 많은 학생일수록 성적이 현저하게 낮았다. 또 하나의 다른 조사 결과는 사람이 염려하는 일들의 3/4은 실제 일어나지 않았고, 일어난 일들의 3/4은 염려하지 않아도 되었던 것들이었다고 한다. 염려의 무익함을 보여주는 사례들이다.

예수님은 제자들이 염려하지 말아야 할 두 번째 이유로 그들이 하나님의 보살핌을 받고 있기 때문이라고 말씀한다. 예수님은 제자들과 무리들의 시선을 하늘로 돌리신 후 점차 언덕과 갈릴리 호수로 향하게 하신다. 예수님은 자연경관을 자료로 삼아 시청각 교육을 하신다. 그리고 시적 이미지가 가득한 언어로 말씀하신다.

"공중에 나는 저 새들을 보라. 씨를 뿌리지도 거두지도 창고에 쌓아 두지도 않지만 하늘에 계신 너희 아버지께서 먹이신다. 너희는 새들보다 얼마나 더 귀하냐?" 마태복음 6:26, 우리말 성경

하늘의 새들도 먹이시는 하늘의 아버지가 하늘의 백성들인 제자들을 먹이시지 않겠는가? 하늘을 날아다니는 새들은 염려하지 않는다. 풍성하게 주어진 나무의 열매들과 땅의 씨앗들을 먹는다. 새들처럼 땅에서 솟아올라 하늘에서 바라보면 풍성한 먹거리가 보일 것이다.

"어째서 너희는 옷 걱정을 하느냐? 들에 핀 저 백합꽃이 어떻게 자라는지 보라. 일하거나 옷감을 짜지도 않는다. 그러나 내가 너희에게 말한다. 그 모든 영화를 누렸던 솔로몬도 이 꽃 하나만큼 차려입지는 못했다. 오늘 있다가도 내일이면 불 속에 던져질 들풀도 하나님께서 그렇게 입히시는데 하물며 너희는 얼마나 더 잘 입히시겠느냐?" 마태복음 6:28-30, 우리말 성경

하나님은 만물을 아름답게 창조하신 분이다. 하나님은 자기 백성들을 들에 핀 백합꽃이나 들풀보다 더 아름답게 단장하는 분이시다. 세상이 하나님의 영광을 훼손하고 인간들이 탐욕으로 서로의 존엄을 무너뜨리고 있을 뿐이다. 예수님은 제자들이 하나님의 신실하고 자애로운 돌보심의 대상이라고 말씀하신다. 염려가 현재의 결핍과 미래의 불확실함으로 생기는 것이라면 하나님의 돌보심은 현재와 미래 모든 순간에

자비로 현존하는 것이다.

- 염려하는 이유(30하, 32)

예수님은 믿음이 적은 제자들과(30하) 하나님을 섬기지 않는 이방인들이(32) 염려한다고 말씀한다. 이 말씀을 뒤집으면 믿음으로 사는 제자들은 염려하지 않는다. 결국 믿음이 염려를 극복하는 길이다. 항공기들의 엔진 소음이 큰 공항이나 기계들의 소음이 큰 건축현장에서 작업하는 이들이 헤드폰처럼 생긴 소음제거장치(anti noise device)를 머리에 쓴다. 소음제거장치는 소음을 상쇄하는 주파수를 발생해서 소음이 들리지 않게 한다. 염려는 사람의 마음에 회오리치는 소음이라 할 수 있는 데 염려제거장치(anti worry device)에 해당하는 것이 믿음이다. 제자들은 믿음에 대해 이론적으로 알고 체험적으로 알기에 믿음으로 염려에서 해방될 수 있다.

그러면 믿음이 무엇인가? 예수님은 "하늘 아버지(Heavenly Father)"께서 제자들의 필요를 아신다고 말씀한다(32). "아버지"는 언약관계에서 자기 백성을 충성스럽게 돌보시는 시혜자를 뜻한다. 하나님은 자기 백성의 시혜자로서 그들을 인도하고 보호하며 그들에게 필요한 것들을 공급하신다. 믿음은 하나님을 아버지로, 시혜자로 의지하고 순종하는 것이다. 믿음은 제자들이 시혜자(施惠者) 하나님 앞에 수혜자(受惠者)로 마주서는 것이며, 시혜자 하나님이 베푸는 은혜를 의지하고 그 분의 인도하심에 순종하는 것이다. 믿음은 수혜자가 시혜자를 의지하고 순종하되 충성스럽게 의지하고 순종하는 것이다. 예수님은 이어지는 구절에서 제자들이 세상이 주는 염려에서 해방되기 위해 무엇을 믿어야 하는지 교훈하신다.

- 먼저 그의 나라와 그의 의를 구하라(33-34)

"그런즉 너희는 먼저 그의 나라와 그의 의를 구하라. 그리하면 이 모든 것을 너희에게 더하시리라." 마태복음 6:33

예수님은 제자들에게 "먼저" 하나님나라와 하나님의 의를 구하라고 말씀하신다. 세상 안에서 있으면서 세상이 주는 염려에서 벗어나기는 극히 어렵다. 제자들이 맘몬의 유혹을 받을 때 물신에게서 하나님에게로 돌아서듯이 염려가 먹구름처럼 일어날 때 세상에서 하나님에게로 돌아서야 한다. 그리고 하나님이 베푸시는 은혜를 의지하고 인도하심에 순종해야 한다. 이제 제자들이 의지하고 순종해야 할 것은 하나님나라와 하나님의 의이다. 하나님나라와 하나님의 의를 "구하는 것"은 세상이 주는 염려를 하나님나라와 하나님의 의를 의지해서 해소하려는 것이다.

하나님나라는 풍성한 생명의 나라(일용할 양식이 공급되고, 용서로 관계가 회복되고, 악한 자의 유혹에서 보호받는 나라)로 임하며, 하나님의 의는 신실한 보살핌(제자 공동체를 향한 언약적 의무)과 풍요롭게 베푸심(피조물 일반에게 샬롬을 가져오는 세계질서)으로 나타난다. 그러므로 하나님나라와 하나님의 의를 구하는 것은 풍요롭게 베푸시는 하나님의 신실한 보살핌을 의지하는 것이다.

제자들이 하나님의 보살핌 가운데 염려거리를 해결 받으면 이것은 선물을 받는 것이다. 하나님의 보살핌이 제자들의 염려거리보다 훨씬 더 크기 때문이다. "그러면 이 모든 것들도 곁들여 받게 될 것이다"(and all these things shall be added to you. 33하, 공동번역, NKJ)라는 말씀이 의미하는 바일 것이다. 하나님은 염려거리를 창고에서 물건을 꺼내주듯이 기계적으로 해결하기보다 자상한 보살핌 가운데서 해결해 주신다. 제자들이 하나님의 신실한 보살핌을 받고 있다는 자각만으로도 염려에서 해방된다.

> "아무 것도 염려하지 말고 다만 모든 일에 기도와 간구로, 너희 구할 것을 감사함으로 하나님께 아뢰라. 그리하면 모든 지각에 뛰어난 하나님의 평강이 그리스도 예수 안에서 너희 마음과 생각을 지키시리라." 빌립보서 4:6-7

그러므로 먼저 구해야 할 것이 하나님의 의이다. 하나님의 자애로운 보살핌 속에서 염려거리들이 해결된다. 필자는 이 부분을 집필하는 중에 커다란 염려거리에 직면했다. 글쓰기에 집중이 안되고 글이 잘 쓰여지지 않았다. 바로 본문의 교훈을 적용해보려 했다. 이방인들처럼 하나님 없이 염려거리를 해결하려 하기보다 하나님의 돌보심 가운데서 해결하려 했다. 하나님이 필자의 염려를 알고 계시니 그 분의 돌보심 가운데서 해결 받으려 했다. 하나님의 의(신실한 보살핌)를 먼저 구했다. 필자의 염려거리를 이미 알고 계실 하나님께 필자를 돌보아주시도록 기도하고 맡겼다. 그러자 신비롭게도 염려가 사라졌다. 필자는 하나님의 돌보심을 받고 있고 이제 하나님이 필자가 필요로 하는 것들을 선물처럼 더해주실 것이다. 어떤 모양으로 주실지 흥미롭게 지켜보는 심정이 되었다. 아직 받지는 않았지만 염려하고 있지는 않다. 필자는 이것이 염려를 극복하는 믿음이라고 생각한다. 염려거리가 생길 때 염려하기보다 하나님의 의를 먼저 구하는 것이다. 그것이 믿음이다. 믿음은 "이 모든 것들을" 하나님의 신실하신 돌보심 가운데 받기를 기대하고 기다리는 것이다.

제자들이 하나님나라와 하나님의 의를 구할 때 세상의 염려에서 해방된다. 하나님이 제자들의 형편을 이미 알고 계시며 신실하고 자애롭게 보살피고 계심을 알기 때문이다. 제자들은 염려의 순간에 먼저 하나님의 의를 구하며 하나님의 보살핌 속으로 들어간다. 그렇게 해서 염려에서 해방된다. 염려거리는 여전히 있지만 더 이상 염려하지 않는다.

세상이 주는 염려나 재물의 유혹은 모두 제자들 안에 들어와 있는 불의의 정도를 저울질 해보는 것이고 그들의 하나님을 향한 충성도를 시험해보는 것이다. 그러므로 제자들은 염려의 먹구름이 일어나고 유혹의 바람이 불어올 때 신실하게 하나님을 의지해야 한다. 달리 말해서 그때 그들의 의를 발동해서 신실하게 하나님께 나아가야 한다. 재물의 유혹에서 벗어나기 위해서 하나님에게 충성해야 하듯이 세상의 염려에서 해방되기 위해서 하나님의 의를 구해야 한다. 누구에게 충성하는가 그것이 중요하다. 세상 안에 있으면서 세상의 불의를 극복하기는 불가능하다. 유혹의 순간에는 선한 목자의 품에 안겨야 하고 염려의 순간에는 선한 목자의 돌보심을 의지해야 한다. 선한 목자의 막대기와 지팡이가 불안에 떨고 있는 어린 양들을 안위한다.

제자 공동체에서 제자들이 서로의 염려를 해소할 수 있으면 좋을 것이다. 신실과 인애의 의가 작동하는 제자 공동체에서 서로의 염려를 해소할 수 있을 것이다. 하나님의 돌보심을 구하는 기도이든, 염려거리 해결책을 찾아보는 상담이든, 시급한 현안을 해결하는 구제이든, 실질적인 도움을 주고받을 수 있으면 좋을 것이다. 서로에게 자비를 베풀어 염려거리를 해결하는 의로운 공동체들, 염려하고 조바심치는 형제들을 따뜻하게 품고 아낌없이 지원하는 사랑의 공동체들이 많이 일어나면 좋을 것이다.

> "그러므로 내일 일을 위하여 염려하지 말라. 내일 일은 내일이 염려할 것이요 한 날의 괴로움은 그 날로 족하니라." 마태복음 6:34

믿음은 영원한 현재이다. 내일의 염려거리는 내일 신실하게 하나님을 의지하면 된다. 오늘의 염려거리 가운데서 제자들은 염려하기보다 먼저 하나님나라와 하나님의 의를 구한다. 내일 일로 인해 오늘부터 염려한다면 염려에서 해방되는 길은 없을 것이다.

> "너희 염려를 다 주께 맡기라. 이는 그가 너희를 돌보심이라." 베드로전서 5:7

제자들은 염려를 모르는 사람들이 아니라 염려하지 않는 사람들이다. 염려에서 해방되는 길은 하나님의 돌보심을 의지하는 것이다. 하나님의 자애로운 돌보심을 받고 있음을 자각할 때 제자들은 더 이상 염려하지 않게 된다. 크나큰 염려거리를 하나님의 돌보심에 맡기고 염려에서 해방된 사람이 있다. 지난 세기의 빌 게이츠라고 할 수 있는 석유재벌 록펠러는 33살에 100만 달러를 번 부자가 되었고, 43살에 미국에서 가장 큰 회사를 지니게 되었고, 53살에 세계 최고의 부자가 되었다. 그러나 록펠러는 행복하지 않았다. 그는 앨로퍼셔(alopecia)라는 병을 앓고 있었다. 그 병은 머리카락과 눈썹이 빠지고 몸이 마르는 병이었다. 록펠러가 세계 최고의 갑부가 되었던 53살의 어느 날 그는 의사로부터 비극적인 통보를 받았다. "이런 상태로 1년을 견딜 수 있을지 모르겠습니다." 의사의 통보를 받은 그날 록펠러는 잠을 이루지 못했다. 염려가 그의 마음을 가득 채웠다. 록펠러는 침대 곁에 무릎을 꿇고 기도하기 시작했다. 하나님의 손에 그의 앞날을 맡겼다. 날이 밝자 록펠러는 달라져 있었다. 그동안 건성으로 출석하던 교회를 정성껏 출석했다. 록펠러는 리버사이드라는 교회를 세웠고 록펠러 재단을 만들었다. 록펠러 재단은 빈민들을 위한 의료사업기관이었는데 그는 모든 재산을 거기에 기탁했다. 록펠러는 54살을 넘기기 어려우리라는 의사들의 예견을 넘어 98살까지 살았다.

# 제자 공동체에서
# 제자의 의를 행함

**마태복음 7:1-12**

¹ 비판을 받지 아니하려거든 비판하지 말라
² 너희가 비판하는 그 비판으로 너희가 비판을 받을 것이요
너희가 헤아리는 그 헤아림으로 너희가 헤아림을 받을 것이니라
³ 어찌하여 형제의 눈 속에 있는 티는 보고
네 눈 속에 있는 들보는 깨닫지 못하느냐
⁴ 보라 네 눈 속에 들보가 있는데 어찌하여 형제에게 말하기를
나로 네 눈 속에 있는 티를 빼게 하라 하겠느냐
⁵ 외식하는 자여 먼저 네 눈 속에서 들보를 빼어라
그 후에야 밝히 보고 형제의 눈 속에서 티를 빼리라
⁶ 거룩한 것을 개에게 주지 말며 너희 진주를 돼지 앞에 던지지 말라
그들이 그것을 발로 밟고 돌이켜 너희를 찢어 상하게 할까 염려하라
⁷ 구하라 그리하면 너희에게 주실 것이요 찾으라 그리하면 찾아낼 것이요
문을 두드리라 그리하면 너희에게 열릴 것이니
⁸ 구하는 이마다 받을 것이요 찾는 이는 찾아낼 것이요
두드리는 이에게는 열릴 것이니라
⁹ 너희 중에 누가 아들이 떡을 달라 하는데 돌을 주며
¹⁰ 생선을 달라 하는데 뱀을 줄 사람이 있겠느냐
¹¹ 너희가 악한 자라도 좋은 것으로 자식에게 줄 줄 알거든
하물며 하늘에 계신 너희 아버지께서 구하는 자에게
좋은 것으로 주시지 않겠느냐
¹² 그러므로 무엇이든지 남에게 대접을 받고자 하는 대로
너희도 남을 대접하라 이것이 율법이요 선지자니라

제자들은 일상에서도 불의(재물의 유혹과 세상의 염려)를 경험하지만 제자 공동체에서도 불의(비판하는 형제와 불의한 형제)를 경험한다. 제자 공동체에서 나타나는 불의를 제자들은 어떻게 대처해야 하는가? 그때 제자들이 드러내는 의는 무엇인가?

### 형제를 비판하지 말라 마태복음 7:1-5

예수님은 제자들이 그들의 공동체에서 형제를 비판하지 말아야 한다고 말씀한다. 제자 공동체는 제자들이 서로 신실과 인애로 결속된 공동체이다. 그러기에 제자 공동체에는 제자들 사이에 배타적이거나 밀어내는 성향이 없어야 한다. 그런데 형제를 비판하는 자들이 있다. 형제 비판은 형제를 공동체의 일원으로 존중하지 않는 것이며 공동체 밖으로 거칠게 밀어내는 것이다. 형제 비판에 대해서 스토트(John Stott)는 이렇게 말한다. "비판하기 좋아하는 그리스도인은 다른 형제에 대하여 부정적이고 파괴적이며 적극적으로 그의 흠을 찾아내기를 좋아한다. 그는 흠잡기를 일삼는 사람이다. 그는 형제의 동기를 될 수 있는 대로 악의로 해석하며, 그의 계획에 찬물을 끼얹으며, 그의 잘못에 대하여 관대하지 못하다."

예수님은 파괴적인 결과를 초래하는 형제비판을 금지하면서 형제비판의 부당성을 두 가지로 지적하신다. 첫째는, 형제 비판이 형제를 심판하는 것이기 때문에 부당하다고 하신다. 형제를 비판하는 것은 자신을 형제의 심판관으로 내세우는 것이며 형제를 비판할 수 있다고 권세를 주장하는 것이다.

> "비판을 받지 아니하려거든 비판하지 말라. 너희의 비판하는 그 비판으로 너희가 비판을 받을 것이요. 너희의 헤아리는 그 헤아림(저울질)으로 너희가 헤아림을 받을 것이니라." 마태복음 7:1-2

제자들이 형제를 비판하는 것은 분명히 잘못된 처사이다. 왜냐하면 언제 형제가 그의 종이 되었으며, 언제 그가 형제의 심판관이 되었는가? 제자들이 형제를 비판할 때 부지불식간에 자기를 하나님의 자리에다 두는 것이다. 예수님은 형제를 비판(심판)하면 그 심판의 잣대를 따라 하나님의 심판을 받을 것이라고 말씀한다. 형제 비판은 유일한 심판자이신 하나님의 대권에 도전하는 것이기 때문이다. 형제 비판은 하나님에 대한 월권이다. 형제에게 손가락질하는 것(finger pointing)은 결국 자기에게 손가락질하는 결과를 초래한다. 그 심판의 잣대가 자기에게 적용된다.

오늘날 소위 편 가르기, 왕따, 악플 등에서 비판의 에토스를 접하게 된다. 비판이 하나의 비뚤어진 시대정신이 되어서 사람들을 단죄하고 매도하고 사회적으로 매장시킨다. 오래 전 이규태 씨가 "한국인의 의식구조"에서 지적한대로 한국인은 흑백으로 편을 가르고, 견해와 입장을 달리하는 상대를 단죄하고 갈라선다. 오늘날 이러한 세상의 불의가 제자 공동체로 흘러들어올 수 있다. 예수님은 제자들이 형제를 비판(심판)해서는 안된다고 단호하게 말씀하신다.

예수님은 형제비판이 부당한 또 하나의 이유로 눈의 들보와 티를 언급하면서 형제비판이 정의롭지 못하다고 지적하신다.

> "어째서 너는 네 형제의 눈에 있는 티는 보면서 네 눈에 있는 들보는 깨닫지 못하느냐? 네 눈에 아직 들보가 있는데 어떻게 형제에게 '네 눈에 있는 티를 빼 주겠다'라고 할 수 있느냐? 이 위선자야! 먼저 네 눈에서 들보를 빼내어라. 그런 후에야 네가 정확히 보고 형제의 눈 속에 있는 티를 빼낼 수 있을 것이다." 마태복음 7:3-5, 우리말 성경

"내 비판은 정당해" 이렇게 주장하는 한 형제 눈의 티는 보지만 자기 눈의 들보는 보지 못하는 것이다. 형제를 비판하는 대부분의 경우, 형제를 망가뜨리려는 불순한 동기보다는 형제의 잘못을 바로잡으려는 정의감에서 비롯된다. 예수님은 형제에게 정의를 세우려면 네가 먼저 정의로워야 한다고 말씀한다. 스스로 정의롭지 못한 자가(자기 눈의 들보도 빼내지 못한 자가) 어떻게 형제에게 정의를 세울 수 있겠는가(형제의 눈 속의 티를 빼내겠는가). 정의감은 형제에게 상처를 주기 쉽다. 정의는 선한 것이지만 폭력의 형태를 취하기 쉽다. 정의는 사람의 죄성을 다루는 것이기에 쉽게 공격의 형태를 취한다. 정의감에 비롯된 비판은 형제의 정의의 크기를 내가 재겠다고 하는 것이다. 의분(정의로운 분노)도 마찬가지이다. 의분이 형제에 대한 비판이 되지 않도록 해야 한다.

그러면 형제가 명백하게 잘못을 저질렀을 때 형제를 심판하지 않으면서 형제의 잘못을 시정할 수 있는 방법이 무엇일까? 파스칼(Blaise

Pascal)이 형제의 잘못을 바로잡는 법을 그의 묵상록 '팡세'에서 이렇게 언급했다.

"사람을 효과적으로 훈계하여 그의 잘못을 지적하려면, 그가 어떤 관점에서 사물에 접근하고 있는지 살펴야 한다. 왜냐하면 사물에 접근하는 방식은 그 사람의 관점에서 보면 옳기 때문이다. 그러므로 사람을 돕고자 한다면 사물에 대한 그의 접근방식을 인정하면서 한편 그의 관점이 잘못되었음을 알려주어야 한다. 그렇게 하면 그는 우리의 지적을 호의로 받아들일 것이다. 왜냐하면 그는 자기가 잘못을 범한 것이 아니라 다만 여러 관점에서 사물을 바라보기를 게을리 했다는 것을 알게 될 것이기 때문이다. 사람은 여러 가지 관점에서 사물을 보지 않은 것에 대해서는 불쾌하게 여기지 않지만, 잘못을 저질렀다는 말을 듣고 싶어 하지는 않는다. 사람은 누구나 천성적으로 모든 관점에서 사물을 바라볼 수 없다. 그리고 사람은 누구나 자기가 취한 관점에서는 잘못을 저지르지 않는다."

파스칼의 말에는 심판자의 태도를 찾아볼 수 없다. 다만 사람의 연약함에 대한 이해와 연민이 깃들어 있다. 형제를 비판하지 않으면서 형제의 잘못을 시정할 수 있는 또 다른 방법은 형제의 잘못에 대해 정의감보다는 눈물로 대하는 것이다. 형제의 잘못을 볼 때 그 실수로 인해 형제의 생명이 타격을 받고 시들고 있음을 안타까워하며 눈물을 흘릴 수 있어야 한다. 흘리는 눈물과 함께 내 눈 속의 들보가 빠지고 형제의 눈 속의 티도 빠진다. 형제가 잘못을 깨닫고 시정하는 것은 나의 명쾌한 지적 보다는 진정이 담긴 나의 눈물 때문일 것이다.

형제를 비판하지 않으면서 형제의 잘못을 시정할 수 있는 또 하나의 방법은 형제가 스스로 잘못을 깨닫고 시정할 때까지 오래도록 기다리는 것이다. 상처감이 있거나, 심적 장애가 있거나, 세상물정을 모르거나, 미혹된 형제는 충언이나 눈물어린 직언을 거부하는 경향이 있다. 그런 형제는 하나님의 손에 맡길 수밖에 없다. 사람은 스스로 깨달을 때 변화되기 때문이다. 그 깨달음의 시간이 빨리 오도록 기도하면서 기다리는 것이다. 필자에게는 수십 년 동안 품고 기도하는 형제가 있다. 그 형제가 바로 서는 것은 필자의 역량 너머에 있기 때문이다.

### 개들과 돼지들 마태복음 7:6

> "거룩한 것을 개들에게 주지 말고, 너희의 진주를 돼지들 앞에 던지지 말라. 그것들이 그것을 발로 짓밟고, 되돌아서서 너희를 물어뜯을지도 모른다." 마태복음 7:6, 우리말 성경

당시에 개와 돼지는 부정한 동물이었다. 사람들이 애완동물이나 가축으로 기르지 않았다. 본문에서 개와 돼지는 거룩하지 못한 것 즉 세속과 관련이 있음을 뜻한다. 개와 돼지가 이방인을 뜻한다는 해석이 있다. 그러나 문맥에 따르면 제자 공동체 안에서 비판하는 형제에 이어

세속의 생활방식대로 처신하는 형제를 다룬다고 할 수 있다. 제자 공동체 안에서 제자의 의 보다는 세상의 불의를 드러내는 형제이다. 이런 형제를 도울 때 분별력을 가지라는 말씀이다. 형제를 비판하지 않는다고 해서 형제를 분별하지 않는 것은 아니다. 형제를 비판하는 것과 형제를 분별하는 것은 다른 문제이다. 본문의 교훈은 형제의 처지에 맞게 대하라는 것이다. 예수님은 개와 돼지라는 과장법을 써서 이 문제를 다루고 있다. 개와 돼지가 거룩한 것과 귀한 것(진주)을 무가치하게 여기듯이 어떤 형제는 그에게 베푸는 호의와 충언을 무가치하게 여긴다. 무가치하게 여길 뿐 아니라 달려들어 물어뜯으려 한다. 그래서 형제의 처지를 분별하면서 도와야 한다.

> "거만한 자를 책망하지 말라 그가 너를 미워할까 두려우니라. 지혜 있는 자를 책망하라 그가 너를 사랑하리라." 잠언 9:8

형제에게 맞는 사랑의 형태를 취하지 않으면 눈 먼 사랑이 될 수 있고 역효과를 낼 수 있다. 형제에게 맞는 사랑의 형태를 취하기 위해서는 분별력이 필요하다.

> "나는 여러분의 사랑이 지식과 모든 통찰력으로 더욱 더 풍성하게 되어서, 가장 좋은 것이 무엇인가를 여러분이 분별할 줄 알게 되었으면 합니다." 빌립보서 1:9-10 상, 표준 새번역

형제를 돕는 사랑에 밝은 눈을 달아야 한다. 눈먼 사랑 때문에 사랑을 받은 형제가 변화도 없고 사랑을 베푼 제자도 힘들어질 수 있다. 개와 돼지가 사람의 의를 제대로 이해하지 못하듯이 하나님의 의를 제대로 이해하지 못하는 형제를 어떻게 대하면 좋을까?

### 분별력을 구하는 기도 마태복음 7:7-11

> "구하라 그리하면 너희에게 주실 것이요 찾으라 그리하면 찾아낼 것이요 문을 두드리라 그리하면 너희에게 열릴 것이니 구하는 이마다 받을 것이요 찾는 이는 찾아낼 것이요 두드리는 이에게는 열릴 것이니라. 너희 중에 누가 아들이 떡을 달라 하는데 돌을 주며 생선을 달라 하는데 뱀을 줄 사람이 있겠느냐? 너희가 악한 자라도 좋은 것으로 자식에게 줄 줄 알거든 하물며 하늘에 계신 너희 아버지께서 구하는 자에게 좋은 것으로 주시지 않겠느냐!" 마태복음 7:7-11

본문은 기도에 관한 일반적인 교훈이라기보다는 문맥상 분별력(좋은 것)을 구하는 기도라고 할 수 있다. 제자 공동체 안에서 세상의 불의를 불쑥불쑥 드러내는 형제를 대하기 위한 기도이다. 이런 형제는 맹수처럼 제자 공동체 안에 있는 평화로운 경계들을 무너뜨리면서 돌아다닌다. 그 결과 공동체의 평화가 교란된다. 그러나 제자 공동체는 이런 형제도 밀어내지 않고 품는다. 어떻게 품을 수 있는가?

분별력을 구하는 기도는 간청의 형태로 되어 있다. 구하고 찾고 두드린다. 분별력을 얻기까지 지속적으로 기도한다. 가장 어려운 기도에 속한다. 형제의 처지도 충분히 고려해야 하고 공동체의 평화도 유지해야 한다. 사람마다 다르고 공동체마다 다르다. 일률적인 해법이 없다. 상황과 형편에 맞는 대처가 필요하다. 분별력을 위한 기도는 다같이 모여서 기도하는 것이 낫다. 그 기도 가운데 하늘 아버지께서 제자들 가운데 중지를 모아주시고 길을 보여주신다. 제자들의 의는 불변하지만 공동체와 구성원들의 형편은 다양하다. 그것에 맞게 의를 적용해야 한다. 분별력을 위한 기도이지만 의의 실천을 위한 기도이기도 하다.

불의한 형제에게 제자들의 의를 어떻게 드러내야 하는가? 필자 가까이에 불의한 형제를 잘 보살피는 한 교우가 있었다. 눈여겨 본 그의 섬김을 묘사하면 다음과 같다. 먼저 불의한 형제와 친구가 되려고 노력한다. 점심을 대접하고 자주 시간을 같이 보낸다. 많이 들어주면서 공감하려 노력한다. 그러면 우정 같은 것이 생기고 대화가 가능해진다. 형제가 비로소 의의 공동체 안으로 들어오기 시작한다. 그리고 형제를 위해 오래 기도한다. 그를 향한 눈물이 생긴다. 언제, 어떻게 도와야 할지, 좀더 기다려야 할지 분별력이 생긴다.

### 황금률 마태복음 7:12

"그러므로 무엇이든지 남에게 대접을 받고자 하는 대로 너희도 남을 대접하라. 이것이 율법이요 선지자들이니라." 마태복음 7:12

5:17의 "율법과 선지자들"과 7:12의 "율법과 선지자들"이 괄호처럼 에워싸는 형태로 마태복음 5:17-7:12이 산상수훈의 본문임을 지시한다. 7:12은 산상수훈의 본문의 맺음말에 해당한다. 그리고 황금률(the golden rule)이라고 불린다. 황금률은 5:20에서 묘사되기 시작해서 7:11까지 이어진 제자들의 "더 나은 의"(하나님과 이웃을 향한 탁월한 충성)를 매듭짓는 역할을 한다. "그러므로"가 결론을 유도하는 표현이다. 황금률은 제자들의 더 나은 의(하나님과 이웃을 향한 충성, 즉 신실과 인애)를 축약한 형태로 결론의 역할을 한다. 다른 곳에 하나님 사랑 이웃 사랑의 이중계명이 "율법이며 선지자"라는 표현이 있다(마 22:35-40). 황금률도 같은 형태를 취하고 있기에 제자들의 의를 담고 있다고 하겠다. 황금률은 제자들의 의와 별개의 것이 아니라 그것을 변형한 것이다.

황금률이 제자들의 의를 변형한 형태로 표현된 이유는 제자 공동체를 넘어 불의가 나타나는 모든 일(in everything)에 적용하기 위해서이다. 황금률은 제자 공동체 안에 있는 불의를 다루는 일련의 흐름 가운데서 제시되었다. 비판하는 형제들(7:1-5) → 개들과 돼지들(불의한 형제들, 7:6) → 남들(불특정 다수, others, ἄνθρωποι, 7:12). 황금률의 적용대상은 제자 공동체 구성원들을 포함한 불특정 다수의 사람들이다. 황금률은 사람들이 불의를 드러내는 "모든 일"에 적용하기 위한 것이다. 루이스 스미드(Lewis Smedes)의 표현방식을 빌려서 이렇게 말할 수 있을 것이다. 황금률은 제자들이 자기 확대자들(self-maximizers) 가운데서 언약 수호자들(covenant keepers)로 살면서 의를 드러내는 방식이다.

제자들은 타락한 세상에서 불의가 드러나는 모든 일에 황금률로 의를 드러내어 남들과 더불어 평화롭게 공존하는 크고 작은 공동체를 이룬다. 황금률은 "남들"을 "이웃"으로 대접하여 평화롭게 공존하는 이웃 공동체를 이루기 위한 것이다. 하나님의 의가 내포하고 있는 하늘의 평화를 지상에 실현하는 세계질서를 평화로운 이웃 공동체 형성으로 구현하는 것이다.

황금률은 기원전 9세기에서 기원전 2세 사이, 축의 시대라고 일컬어지는 종교와 철학이 탄생한 인류 역사의 가장 경이로운 시기에 각각의 전통이 만들어낸 일치된 가르침이기도 하다. 유대교 랍비 힐렐의 가르침과 공자와 묵자와 맹자의 가르침들과 자이나교의 가르침과 석가의 가르침에서 산상수훈의 황금률과 일치하거나 비슷한 내용들이 등장한다. 힐렐의 가르침을 일례로 인용하면 다음과 같다. 어느 날 이교도 한 사람이 힐렐을 찾아와서 자기가 다리 하나로 서있는 동안 토라 전체를 가르쳐주면 유대교로 개종하겠다고 약속한다. 힐렐은 간단하게 대꾸한다. "당신 자신에게 가증스러운 일을 다른 사람에게 하지 마시오. 그게 토라의 전부이고 나머지는 그 주석일 뿐이오. 가서 그것을 공부하시오."

"축의 시대"의 저자인 카렌 암스트롱(Karen Armstrong)은 축의 시대 현자들의 공통적인 가르침인 황금률은 인간이 경험하는 선과 악을 배경으로 공감과 자비의 영성을 강조한 것이며 이웃이라는 개념을 무한히 확대해서 적용할 수 있는 원리라고 말한다. 그는 책의 결론에서 축의 시대의 에토스라고 할 수 있는 황금률을 오늘날에 되살려야 할 것이라고 제안한다. 그러면 민족 간, 국가 간의 갈등을 극복하고 지구촌에 평화를 이룰 수 있을 것이라고 말한다.

지난 세기 말에 유엔교육사회문화기구(UNESCO)는 문명충돌이 예상되는 다음 세기에 인류의 평화로운 공존을 위해서 "21세기 윤리를 위한 공동의 틀(A Common Framework for the Ethics of the 21st Century)"을 만들었는데, 황금률이 이 보편윤리강령의 기본토대였다. 이 강령을 아주 간략하게 요약하면 다음과 같다. 비폭력의 문화–생명존중에 대한 다짐, 연대의 문화–정의로운 경제질서에 대한 다짐, 관용의 문화–진실된 삶에 대한 다짐, 동등한 권리의 문화–남녀간 동반자적 관계에 대한 다짐.

황금률은 하나님의 의가 제자 공동체를 통해 타락한 세상에 실현되어 이웃과 더불어 사는 평화로운 공동체를 이루기 위한 것이다. 황금률은 제자들로 불의가 있는 모든 곳에 서게 한다. 그들이 의의 담지자들이기 때문이다. 그들을 통해서 이웃들 간의 상처와 아픔이 치유되고, 무너진 정의가 서고, 피해자와 가해자가 손잡는 평화가 온다.

그러면 황금률이 적용되어야 할 불의가 있는 모든 곳이 어디인가? 제자들이 처한 삶의 자리에 따라 다를 것이며 사회적 배경에 따라 다를 것이다. 폭력에 무너진 가정들에게 쉼터를 제공할 수 있다. 신체적, 문화적 폭력의 희생자들을 물심으로 도울 수 있다. 버려진 아이들을 입양할 수 있다. 가난한 자들을 만들어내는 사회구조를 바꾸기 위해 정책입안에 개입할 수 있다. 정치적 압제와 경제적 불평등이 심한 곳에서 비폭력 저항운동을 할 수 있다. 마틴 루터 킹 목사처럼 사회적 약자들과 소외자들을 위해 민권운동을 할 수 있다. 사람들의 불의가 악과 고난을 만들어내는 곳이라면 어디나 제자들이 황금률을 적용할 수 있다. 제자들이 황금률을 따라 불의가 있는 모든 곳에서 그들의 의를 드러낸다면 그들이 서있는 땅에 하늘의 평화가 임할 것이다. 황금률은 타락한 세상에서 소금과 빛으로 살아가는 제자들의 삶의 방식이다.

시편 112편에 하나님의 백성들이 의를 행하는 모습이 마치 황금률처럼 묘사되어있다. 그들의 의로움과 빛됨과 명예로움이 선명하게 드러난다.

> "그들은 어질고 자비롭고 의로운 사람들이라(They are gracious, merciful, and righteous) 어둠 속의 빛처럼, 정직한 사람을 비춘다." 시편 112:4, 공동번역

> "선한 사람들은 아낌없이 베풀고 기꺼이 빌려주니 그런 사람들은 정의롭게 일을 처리할 것이다." 시편112:5, 우리말 성경

> "그들이 가난한 사람들에게 선물을 나눠주었으니 그들의 의가 영원히 지속될 것이고 그들의 뿔이 영광으로 높이 들릴 것이다." 시편 112:9, 우리말 성경

"그러므로 무엇이든지(모든 일에, in everything) 남에게 대접을 받고자 하는 대로 너희도 남을 대접하라. 이것이 율법이요 선지자니라."

# 9

지혜로운 사람

## 마태복음 7:13-27

13 좁은 문으로 들어가라 멸망으로 인도하는 문은 크고
그 길이 넓어 그리로 들어가는 자가 많고
14 생명으로 인도하는 문은 좁고 길이 협착하여 찾는 자가 적음이라
15 거짓 선지자들을 삼가라 양의 옷을 입고 너희에게 나아오나
속에는 노략질하는 이리라
16 그들의 열매로 그들을 알지니 가시나무에서 포도를,
또는 엉겅퀴에서 무화과를 따겠느냐
17 이와 같이 좋은 나무마다 아름다운 열매를 맺고
못된 나무가 나쁜 열매를 맺나니
18 좋은 나무가 나쁜 열매를 맺을 수 없고
못된 나무가 아름다운 열매를 맺을 수 없느니라
19 아름다운 열매를 맺지 아니하는 나무마다 찍혀 불에 던져지느니라
20 이러므로 그들의 열매로 그들을 알리라
21 나더러 주여 주여 하는 자마다 다 천국에 들어갈 것이 아니요
다만 하늘에 계신 내 아버지의 뜻대로 행하는 자라야 들어가리라
22 그 날에 많은 사람이 나더러 이르되 주여 주여 우리가
주의 이름으로 선지자 노릇 하며 주의 이름으로 귀신을 쫓아 내며
주의 이름으로 많은 권능을 행하지 아니하였나이까 하리니
23 그 때에 내가 그들에게 밝히 말하되 내가 너희를 도무지 알지 못하니
불법을 행하는 자들아 내게서 떠나가라 하리라
24 그러므로 누구든지 나의 이 말을 듣고 행하는 자는
그 집을 반석 위에 지은 지혜로운 사람 같으리니
25 비가 내리고 창수가 나고 바람이 불어 그 집에 부딪치되
무너지지 아니하나니 이는 주초를 반석 위에 놓은 까닭이요
26 나의 이 말을 듣고 행하지 아니하는 자는
그 집을 모래 위에 지은 어리석은 사람 같으리니
27 비가 내리고 창수가 나고 바람이 불어 그 집에 부딪치매
무너져 그 무너짐이 심하니라

황금률을 따라 걷는 제자의 길은 쉽지 않다. 매순간 세상의 불의와 직면하기 때문이다. 예수님은 제자들이 끝까지 의의 길을 걷도록 격려하신다. 그리고 그 길에서 불의를 행하는 제자 아닌 제자들도 만날 것이라고 말씀하신다. 그리고 의로운 제자들로 굳게 서도록 크게 격려하신다.

### 좁은 문으로 들어가라, 좁은 길을 걸으라 마태복음 7:13-14

> "좁은 문으로 들어가라 멸망으로 인도하는 문은 크고 그 길이 넓어 그리로 들어가는 자가 많고 생명으로 인도하는 문은 좁고 길이 협착하여 찾는 자가 적음이라." 마태복음 7:13-14

하나님나라를 세상에 오게 하기 위해 걷는 제자의 길은 결코 쉽지 않다. 좁은 문으로 들어가는 것이며 좁은 길을 걷는 것이다. 많은 사람들이 선택하지 않는 길이다. 제자의 길이 좁은 것은 본회퍼의 말처럼 그 길이 하나님나라와 세상이 맞닿는 변경이기 때문이다. 좁은 길에서 제자들의 의와 세속인들의 불의가 격렬하게 부딪힌다. 그 길에서 제자들은 매순간 분별하고 선택하고 결단해야 한다. 그들의 의를 통해서 하나님의 의가 세상의 불의 앞에 환하게 드러나도록.

### 거짓 선지자들 마태복음 7:15-20

거짓 선지자들은 제자들 가운데서 나온다. 그들은 제자 공동체에서 지도자 노릇을 한다. 그러나 그들 속에는 제자들의 의가 들어있지 않다. 대신 불의가 들어있다. 그들에게서 신실과 인애의 의가 드러나기보다 다른 제자들의 생명을 탐하는 불의가 드러난다. 그들은 양의 옷을 입고 있는 사나운 이리들이다. 그들의 의는 가시나무와 엉겅퀴의 의이다. 결코 포도와 무화과 같은 아름다운 열매(의의 열매)를 맺지 못한다. 그들은 아름다운 열매를 맺지 못하는 나쁜 나무들이다. 그들은 도끼로 쪼개져서 심판의 불에 던져진다. 하나님이 제자 공동체에서 지도자 노릇을 한 불의한 자들에게 준엄하게 책임을 물으신다. 제자들의 생명을 함부로 유린하는 불의한 지도자는 하나님의 명예를 훼손할 뿐이다.

### 불법을 행하는 자들 마태복음 7:21-23

예수의 이름으로 예언자 노릇을 하고, 예수의 이름으로 귀신을 쫓아내고, 예수의 이름으로 많은 권능을 행하는 자들이 있다. 그들은 예수님을 "주님, 주님" 하고 부르면서 제자 행세를 한다. 그러나 예수님은 그들을 알지 못한다고 하신다. 그리고 예수님은 그들이 "하늘에 계신 내 아버지의 뜻대로 행하지 않는 자들"이며, "불법을 행하는 자들"(불의한 자들)이라고 하신다. 그리고 "내게서 떠나가라"고 하신다.

> "그 때에 내가 그들에게 밝히 말하되 내가 너희를 도무지 알지 못하니 불법을 행하는 자들아 내게서 떠나가라 하리라." 마태복음 7:23

예수님은 제자 공동체에서 온갖 행세로 제자 노릇을 하지만 제자의 의가 확인되지 않고 세상의 불의를 드러내는 자들을 준엄하게 문책하신다. 그들이 예수님의 명예를 실추시키기 때문이다.

### 지혜로운 사람과 어리석은 사람 마태복음 7:24-27

"그러므로 누구든지 나의 이 말을 듣고 행하는 자는 그 집을 반석 위에 지은 지혜로운 사람 같으리니 비가 내리고 창수가 나고 바람이 불어 그 집에 부딪히되 무너지지 아니하나니 이는 주초를 반석 위에 놓은 까닭이요. 나의 이 말을 듣고 행치 아니하는 자는 그 집을 모래 위에 지은 어리석은 사람 같으리니 비가 내리고 창수가 나고 바람이 불어 그 집에 부딪히매 무너져 그 무너짐이 심하니라." 마태복음 7:24-27

예수님은 인생을 집 짓기에 비유하신다. 예수님은 집을 견고하게 지은 지혜로운 사람과 집을 부실하게 지은 어리석은 사람을 대조하신다.

|  | 지혜로운 사람 | 어리석은 사람 |
| --- | --- | --- |
| 집의 기초 놓기 | 반석 위에 | 모래 위에 |
| (기초 놓기 상징) | 말씀 준행 | 말씀 불준행 |
| 견고성 시험 | 홍수, 폭풍으로 | 홍수, 폭풍으로 |
| (시험 상징) | 고난, 유혹, 심판 | 고난, 유혹, 심판 |
| 시험 결과 | 견고함(명예) | 무너짐(수치) |
| 집의 안전성 | 하나님의 의 | 세상의 불의 |

인생이라는 집을 지을 때 기초 놓기가 중요하다는 것은 누구나 다 알고 있다. 알면서도 그대로 하지 않으면 어리석다. 어리석은 사람은 인생의 집을 지을 때 기초를 모래 위에 세운다. 그 결과는 참담하다. 그의 모든 노력이 헛수고가 되고 그의 명예는 땅에 떨어진다. 어리석은 사람은 알면서도 왜 집의 기초를 모래 위에 세웠을까? 기초를 놓기 쉬워서 일까? 아니면 집을 빨리 지으려 했을까? 집의 기초를 반석 위에 세우는 것이 힘들어서 일 것이다. 반석 위에 기초 놓기가 상징하는 것처럼 예수님의 말씀을 준행하기 싫어서 일 것이다.

말씀을 준행하면 언약관계에서 비롯된 의가 제자에게 만들어진다. 말씀을 준행하는 실존의 시간에 비례해서 의를 누리게 된다. 어리석은 사람은 말씀을 준행하지 않기에 의를 누리지 못한다. 대신에 세상에서 비롯된 불의가 그를 지배한다.

비가 오고 바람이 부는 날 어리석은 사람의 집에 문제가 생긴다. 빗물이 모여서 거센 홍수가 되고 작은 바람이 큰 바람이 되어 들이닥친다. 성경에서 거센 물결과 바람은 악과 고난을 상징한다. 고난의 홍수가 몰려오고 유혹의 폭풍이 불어오는 날 그의 집은 속절없이 내려앉는다. 어리석은 사람의 집의 내구성은 불의이기에 악과 고난과 유혹을 견디지 못한다. 반면에 지혜로운 사람은 말씀을 준행하면서 의로 집을 세웠기에 악과 고난과 유혹을 견딘다. 비바람이 그치고 홍수가 지나간 후에 그의 집은 견고하게 그 모습을 드러낸다. 이웃들이 지혜로운 사람이라고 칭송한다. 그는 집을 견고하게 지은 사람으로서 명예를 얻는다.

본문에서 예수님은 인생이라는 집을 지을 때 기초 놓기가 중요함을 말씀하신다. 집의 기초는 반석 위에 세워야 한다. 반석 위에 기초 놓기는 말씀준행이다. 제자들은 주님이자 스승이신 예수님의 말씀을 준행한다. 예수님은 주님으로서 명령하시고 스승으로서 말씀준행의 본을 보이신다. 제자들은 예수님을 따르기만 하면 된다. 예수님과 보폭을 같이 하면서 예수님 곁에서 뒤에서 따르기만 하면 된다. 그러면 하나님의 현실이 그들에게 임하여 그들의 의가 된다. 제자들은 그들의 의로 욕망과 경쟁과 폭력이 기승을 부리는 타락한 시대에 견고하고 아름답게 선다. 인생 승리자로 드러난다. 지혜로운 사람이라는 명예를 얻는다.

## 필자의 간증

필자는 인생의 기초를 놓던 젊은 날, 그 빛나는 시절에 예수님의 말씀을 준행하기 위해 모인 한 무리의 젊은이들 속에 있었습니다. 그들과 함께 말씀을 읽고 듣고 묵상하고 글을 쓰면서 필자는 예수님의 제자가 되어갔습니다. 그때 희망과 열정으로 빛나던 젊은 눈동자들과 맑고 따뜻한 마음으로 서로를 붙들어주던 그 사랑의 몸짓들을 지금도 잊지 못합니다. 그 속에서 우리는 함께 제자들로 자랐습니다. 말씀대로 살고자 치열하게 몸무림치던 선후배 제자들과 친구 제자들이 있었기에 필자도 그 속에서 예수님의 말씀으로 인생의 기초를 다질 수 있었습니다.

오랜 세월이 흐르고 반백이 되어 우리는 다시 만났습니다. 우리는 세월의 풍상을 거역할 수 없었지만 질그릇에 보배를 간직하듯 제자의 의를 한 가득씩 담고 있었습니다. 얼굴과 목에 주름이 패이고 악수하는 손은 거칠었지만 여전히 젊은 날의 어느 때처럼 눈동자는 빛나고 마음은 따스하며 몸짓에는 여유와 유머가 있었습니다. 무엇보다 우리는 지혜로워져 있었습니다. 필자는 그 재회의 공간에서 감격하고 감사했습니다. 그 시간은 선한 목자의 은총이 환하게 드러나는 자리였습니다.

다시금 돌아보니 우리는 반석 위에 세운 집들이고 시냇가에 심긴 나무들입니다. 우리는 명예로운 제자들입니다.

## 여행안내를 마치면서

　산상수훈 말씀여행 안내서의 마지막 장에 이르렀습니다. 여행길을 안내하다보니 한 무리의 아름다운 사람들이 보입니다. 그리고 그들이 간직한 의로움이 보입니다. 그 의로움은 아무래도 지상에서 만들어진 것 같지 않고 하늘에서 내려온 것처럼 보입니다. 제자들은 예수님을 따르면서 천국의 의를 몸과 마음에 담았습니다.

　산상수훈에서 그것을 "의"라고 표현한 것이 너무나 잘 된 것 같습니다. 이 의를 제자도라고 표현해도 되었을 것이고 경건이라고 표현해도 무방했을 것입니다. 이런 표현들이 각각의 장점들을 지니고 있지만, 의라는 표현에는 사람들의 살내음이 나고, 왁자지껄한 웃음소리와 커다란 박수소리 그리고 함께 부르는 노랫소리가 들려오는 듯하고, 때로는 애통과 탄식과 몸부림이 느껴지기도 합니다. 의는 하늘의 시민들의 기질이라고 하겠습니다. 본토 부산 사람들이 "의리"라고 외치듯이 천국시민들은 "충성" 또는 "신실, 인애"라고 외칠 것입니다.

　산상수훈 말씀여행에서 의로운 사람들을 만난 것은 설렘으로 나서는 여행길에서 동경하는 그 이상의 것을 만난, 뜻밖의 발견이라 할 것입니다. 미국의 서부에 있는 그랜드 캐니언(Grand Canyon)은 길이가 443km, 깊이가 1,600m에 이르는 광대한 계곡입니다. 그곳을 방문해서 광활한 계곡을 내려다보는 순간 숨이 멎고 가슴이 먹먹해집니다. 그

곳의 아름다움은 압도하는 아름다움입니다. 다른 곳에서 경험할 수 없었던 웅장한 아름다움이 그곳에 있습니다. 그래서 여러 번 방문해도 매번 기대가 됩니다. 그랜드 캐니언은 길고 넓고 깊어서 그곳의 장관을 다 보기는 어렵습니다. 접근이 불가능한 곳들도 많이 있습니다. 여러 곳을 둘러볼 수 있는 좋은 방법이 있습니다. 계곡을 흐르는 콜로라도 강을 카누를 타고 내려가는 것입니다. 거대한 절벽들 틈새로 강을 따라 내려가노라면 강 좌우의 모래톱들과 계곡에서 쏟아져 내려오는 맑은 폭포들과 사슴들과 인디언 마을들과 계곡을 형형색색으로 물들이는 아름다운 저녁노을을 볼 수 있습니다.

산상수훈 여행에서 "의"는 콜로라도 강의 역할을 합니다. "의"의 강을 따라 내려가면 수려한 경관들이 펼쳐집니다. 아름다운 사람들이 보입니다. 예수님이 가신 길과 제자들이 가는 길이 보입니다. 콜로라도 강물이 록키산맥에서 발원해서 그랜드 캐니언에 이른 것처럼 "의"는 하늘에서 내려와서 제자들에게 이르렀습니다. 하늘에서 내려온 의가 제자들을 명예롭게 만듭니다. 제자들의 의는 타락한 세상에 하나님나라를 가져오는 빛의 역할을 합니다. 은은하지만 강렬하고 부드럽고 따뜻하지만 엄청난 잠재력을 지니고 있습니다.

산상수훈 말씀여행에서 천국의 의를 간직한 한 무리의 제자들을 만날 수 있었습니다. 불의한 세상에서 빛으로 드러나도록 제자들의 의를 단련하시는 탁월한 스승 예수님을 만날 수 있었습니다. 그리고 타락한 세상에서 의로운 하나님의 백성들을 일으키시는 거룩하신 하나님을 만날 수 있었습니다.

명예로운 제자의 길을 발견하게 하신 주님께 감사드립니다. 안내서를 따라 산상수훈 말씀여행을 하신 분들, 한 분 한 분에게 감사와 축복의 악수를 드립니다.

**명예로운 제자들**

예수님의 제자들은 명예로운 자들이다.
그들이 가난하고 목마른 심령으로
의를 추구하고 누린다.

제자들은 명예롭다.
그들의 의가
세상의 소금과 빛으로 드러난다.

제자들은 명예롭다.
세상의 소금과 빛으로서
악과 고난으로 뒤틀린 세상에
하늘의 평화를 가져온다.

제자들은 명예롭다.
그들의 의가
타락한 세상의 불의를 극복하는
황금률이다.

제자들은 명예롭다.
황금률로
욕망과 경쟁과 폭력으로 얼룩진 세상에
평화로운 공동체를 세운다.

제자들은 명예롭다.
착한 행실의 의로
하나님의 영광을 드러낸다.

예수님의 제자들은 명예로운 자들이다.
말씀준행과 주기도문 경건훈련의
좁은 길을 걸으며
예수님과 고난과 영광을 같이 한다.

# 참고도서

## 우리말 도서

김세윤. 「주기도문 강해」, 서울: 두란노, 2000.
김세윤, 김회권. 「하나님 나라의 복음」, 서울: 새물결 플러스, 2013.
박득훈. 「돈에서 해방된 교회: 교묘한 맘몬숭배에서 벗어나는 길」, 서울: 포이에마, 2014.
백년어 서원. 「신은 돈을 어디에 쓰실까」, 부산: 도서출판 전망, 2016.
신국원. 「신국원의 문화 이야기」, 서울: IVP, 2002.
유경동. 「평화와 미래」, 서울: 감리교 신학대학교 출판부, 2011.
정주진. 「평화를 보는 눈: 폭력 없는 세상은 가능할까」, 서울: 개마고원, 2015.
하영선. 「21세기 평화학」, 서울: 풀빛출판사, 2002.

## 번역 도서

니콜라스 월터스코프. 「사랑과 정의」, 홍종락 역, 서울: IVP, 2017.
데이비드 플랫. 「카운터 컬처」, 최종훈 역, 서울: 두란노, 2016.
델러스 윌러드. 「하나님의 모략」, 윤종석 역, 서울: 복있는 사람, 2007.
디트리히 본회퍼. 「나를 따르라」, 손규태, 이신건 역, 서울: 대한기독교서회, 2010.
맥스 루케이도. 「일상의 치유」, 최종훈 역, 서울: 청림출판, 2008.
블레즈 파스칼. 「팡세」, 김형길 역, 서울: 서울대학교 출판문화원, 2015.
스테파노 자마니. 「21세기 시민경제학의 탄생」, 제현주 역, 서울: 북돋음, 2015.
월터 윙크. 「사탄의 체제와 예수의 비폭력」, 한성수 역, 경기도 고양시: 한국기독교연구소, 2004.

자크 엘룰. 「세상 속의 그리스도인」, 이문장 역, 서울: 대장간, 1992.
장 바니에, 스탠리 하우워어스. 「화평케 하는 자는 복이 있나니」, 김진선 역, 서울: IVP, 2010.
조지프 스티글리츠. 「불평등의 대가」, 이순희 역, 경기도 파주: 열린 책들, 2013.
존 웨슬리. 「웨슬리가 전한 산상수훈」, 양재훈 역, 서울: KMC, 2015.
존 맥아더. 「자족연습」, 김애정 역, 서울: 토기장이, 2008.
존 스토트. 「존 스토트의 산상수훈」, 정옥배 역, 서울: 생명의 말씀사, 2011.
존 캐버너. 「소비사회를 사는 그리스도인」, 박세혁 역, 서울: IVP, 2011.
카렌 암스트롱. 「축의 시대: 종교의 탄생과 철학의 시작」, 정영목 역, 서울: 교양인, 2014.
하비 콕스. 「신의 혁명과 인간의 책임」, 마경일 역, 서울: 현대사상사, 1981.
하비 콕스. 「신이 된 시장」, 유강은 역, 서울: 문예출판사, 2018.
헬무트 틸리케. 「현실과 믿음 사이: 헬무트 틸리케의 산상수훈」, 윤종석 역, 서울: 두란노, 2015.

## 외국어 도서

Andrie B. du Toit. Revisiting the Sermon on the Mount – Some Major Issues, Neotestamentica, Volume 50, Number 3, 2016 (Special Edition), pp. 59-91.
Browning, W. R. F. Oxford Dictionary of The Bible, Oxford, UK: Oxford University Press, 2011.
Brueggemann, Walter. God, Neighbor, Empire: The Excess of Divine Fidelity and the Command of Common Good, Waco, TX: Baylor University Press, 2016.
Brueggemann, Walter. The Word that redescribes the world: The Bible and discipleship, Minneapolis, MN: Augsburg Fortress, 2006.
Brueggemann, Walter. Theology of the Old Testament, Minneapolis, MN: Augsburg Fortress, 2005.
Brueggemann, Walter. Truth-telling as subversive obedience, Eugene, OR: Cascade Books, 2011.

Cater, Warren. What are They Saying About Matthew's Sermon on the Mount? Mahwah, NJ: Paulist Press, 1994.

Green, Bradley. Covenant and Commandment, Downers Grove, IL: IVP, 2014.

Guelich, Robert A. Sermon on the Mount: A Foundation for Understanding, Waco, TX: Word, 1982.

Lunbom, Jack R. Jesus' Sermon on the Mount – Mandating a Better Righteousness, Minneapolis, MN: Augsburg Fortress, 2015.

Malina, Bruce. Social-Science Commentary on the Synoptic Gospels, Minneapolis, MN: Augsburg Fortress, 2003.

McKnight, Scot. Sermon on the Mount, Grand Rapids, MI: Zondervan, 2013.

McLaren, Brian. Everything Must Change, Nashville, TN: Thomas Nelson, 2007.

Sakenfield, Katherine Doob. Faithfulness in Action, Minneapolis, MN: Augsburg Fortress, 1985.

Smedes, Lewis. Mere Morality, Grand Rapids, MI: Eerdmans, 1989.

Wright, David. New Dictionary of Theology, Downers Grove, IL: IVP, 1988.

Wright, N. T. Evil and the Justice of God, Downers Grove, IL: IVP Books, 2011.